The Next Millionaires
# 다음 새로운
# 백만장자들

## 다음 새로운 백만장자들

초판 인쇄 I 2018년 3월 19일
초판 발행 I 2018년 4월 2일

지은이 I 폴 제인 필저
옮긴이 I 이승희
펴낸곳 I 유니크 커뮤니케이션
펴낸이 I 김성민
북디자인 I 김민정
영업 마케팅 I 김명자, 이호연

출판등록 I 2013년 7월 26일 (제2014-21호)
주소 I 대전광역시 서구 대덕대로 249번길 30(둔산동, 베스트피엘씨빌딩)
전화 I 070-7426-4000
팩스 I 042-622-1140
전자우편 I ucs114@naver.com

ISBN I 979-11-954450-6-6 (93320)

THE NEXT MILLIONAIRES
Copyright © 2006 by Paul Zane Pilzer
Originally published in the English language under the title "The Next Millionaires" by Paul Zane Pilzer
Korean translation copyright © 2018 by UCS
All rights reserved.
This Korean edition published by arrangement with ZCI, Inc. through Shinwon Agency Co., Seoul.

이 책의 한국어판 저작권은 신원에이전시를 통해 저작권자와 독점 계약으로 UCS에 있습니다.
저작권법에 의해 한국 내에서 보호를 받는 저작물이므로 무단 전재 및 무단 복제를 금합니다.

# The Next Millionaires
# 다음 새로운 백만장자들

**폴 제인 필저** 지음
이승희 옮김

뉴욕 타임즈 베스트셀러

향후 10년 동안 어마어마한 규모의 새로운 부가 창조될 것이다.

다가오는 **1조 달러 웰니스 산업**을
준비하고 부를 얻는 방법

MIRAEBOOKS

## 차 례

006　감사의 말
008　개요
009　서문　위기인가, 기회인가?

| Chapter 1 |　경제적 신화와 현실　⋯⋯⋯⋯　017

| Chapter 2 |　문명의 소사 小史　⋯⋯⋯⋯　028

| Chapter 3 |　부족의 경제학　⋯⋯⋯⋯　039

| Chapter 4 |　풍부의 경제학　⋯⋯⋯⋯　051

| Chapter 5 |　변화하는 세계　⋯⋯⋯⋯　072

| Chapter 6 |　개인의 경제 연금술　⋯⋯⋯⋯　092

차 례

| Chapter 7 |  성장하는 분야로 가라 ............... 103

| Chapter 8 |  지적 유통 : 새로운 사업 ............... 116

| Chapter 9 |  사업가의 시대 ............... 125

| Chapter 10 |  왜 직접 판매인가? ............... 138

| Chapter 11 |  사업의 영적 본성 ............... 153

| Chapter 12 |  경제 웰니스 ............... 162

188　후기
191　엄선된 구절
202　저자 소개

## 감사의 말

　1991년 '직접 판매'의 세계에 처음 발을 내디딘 후 영광스럽게도 내가 만나 왔던 모든 친구들과 지인들 – 지금까지 알고 지내는 최고 경영자와, 최고의 디스트리뷰터 들부터 내가 저서에 사인을 해준 사람들과, 행사 때 만나 함께 이야기를 나눈 사람들에 이르기 까지, 당사자인 여러분은 모두 알 것입니다 – 에게 감사를 표합니다. 여러분은 내 인생의 매우 중요한 사람들이기에 모두의 이름을 일일이 여기에 열거하고 싶습니다. 여러분이 한 사람 한 사람을 변화시킴으로써 세상을 변화시키고 있다는 사실을 아는 것, 그리고 나의 연구가 여러분이 이미 훌륭히 해내고 있는 일을 더 훌륭히 해내는 데 도움이 되기를 바라는 것은 나에게 가장 큰 원동력이 됩니다. 여러분에게 경의를 표합니다.

　비디오 플러스의 모든 팀에 감사를 드립니다. 나의 친구이자 지지자인 스튜어트 존슨 Stuart Johnson이 이 사업에 변함없이 제공해준 도움과 직접 판매 업계에 대한 그의 빛나는 통찰력에 대해 특별히 감사를 표합니다.

　존 데이빗 맨 John David Mann에게 고마움을 전합니다. 나는 수년간 그의 뛰어난 언어 재능과 사람들을 도와온 그의 헌신에 존경과 경의를 보내왔습니다. 그는 50시간 이상의 시간을 투자해 5,000페이지가 넘는 메모와 새로운 연구 내용, 녹음과 연설들을 추려내어 이 책의 내용을 여러분에게 전달할 수 있도록 도왔습니다.

그리고 나를 담당했던 전 은행지점장, 전 선거 사무장이며 평생의 비즈니스 파트너이자 친구인 리드 빌브레이 Reed F. Bilbray에게 더욱 특별한 감사를 전합니다. 그가 40여 년 전 대학을 졸업한 이후로 나는 매일 그와 함께 일할 수 있는 기쁨과 영광을 누려왔습니다. 리드는 이번에도 마감 시간과 복잡한 계획의 미로 속에서 이 중대한 프로젝트를 맡아 감독했습니다. 리드, 당신은 이것이 아주 간단한 일인 것처럼 보이게 만들어요!

그리고 그 누구보다도 내가 일을 하는 모든 이유인 아내 리사와 네 아이들 미리엄, 맥스웰, 마이클, 마크에게 감사를 전합니다.

## 개 요

**1991년**

미국의 가계 자산은 13조 달러였다.

미국의 백만장자 수는 360만여 명이었다.

**2001년**

미국의 가계 자산은 세 배인 40조 달러에 이르렀다.

미국의 백만장자 수는 두 배인 720만여 명에 이르렀다.

**2006년에서 2017년까지**

미국의 가계 자산은 100조 달러 가까이 도달했다.

폭발적으로 성장하는 미국 경제는 새로운 백만장자들을 탄생시켰다.

．

．

당신도 이 백만장자 그룹의 일원이 될 것인가?

서 문

# 위기인가, 기회인가?

1930년대 대공황 이후 최악의 경기 하락이 시작되던 1989년, 대부분의 전문가들은 수십 년간 경기 침체를 면할 수 없을 것이라 예측했다. 미국에서 가장 많이 팔렸던 책은 『1990년 대공황 The Great Depression of 1990』이었다.

불황의 최저점을 찍었던 그 해, 나는 그와 정반대되는 의견을 피력하는 책을 썼다. 바로 『무제한의 부 Unlimited Wealth』이다. 이 책에서 나는 우리 경제가 어떻게 작동하는지에 대한 새로운 이론을 설명하고 몇 가지 예측을 했다.

- 전례 없는 경제 성장 : 역사상 가장 긴 경기 확장의 시기, 거의 불가능해 보일 정도로 낮은 금리, 저 인플레이션, 높은 경제 성장의 시기가 이제 막 시작되었다.

- 저금리 : 나는 돈에 대한 막대한 수요 감소와 공급 증가로 인해 금리가 바닥까지 떨어져 지속될 것이라고 예측했다. 금리는 돈의 값 그 이상도 이하도 아니다. 전통적인 순 대출자들(대기업과 수많은 최초 주택 구매자들)은 순 저축자들이 되었다. 새로운 기술 주도형의 기업들(예를 들어 마이크로소프트사社 같은)은 막대한 현금을 투자할 필요 없이 성장해 왔다. 사실 이들은 성장하면서 오히려 현금을 창출해냈다.

- 선택적 번영 : 다른 경제적 번영기들과 달리 이 시기에는 특정한 사람과 산업, 경제만이 번영할 것이다. 『무제한의 부<sub>富</sub>』에서 나는 그 당시 국민 1인당 부<sub>富</sub>가 세계 최고였던 일본이 곧 무너지고, 1990년대에는 미국의 경제가 전례 없이 성장할 것이라고 주장했다.

- 유통에서의 기회 : 상품과 서비스의 유통은 상품과 서비스의 생산보다 훨씬 더 중요해질 것이다. 미래의 억만장자는 제품의 생산이나 천연 자원의 통제가 아니라 유통으로 돈을 벌 것이다.

- 인터넷의 기회 : 1990년대에 새로운 산업 즉, '인터넷'이 부상할 것이며, 인터넷은 제품과 서비스 그 자체보다 제품과 서비스에 대한 정보를 더 가치 있게 만들 것이다.

- 개인에게 주어지는 놀라운 기회 : 우리 경제에 대한 이러한 새로운 이론을 이해하고 그 교훈을 따르는 사람들은 향후 10년 동안 수백만이 아닌 수조 달러를 벌 수 있을 것이다.

일부 비평가들은 '지나친 낙천주의!'라며 야유를 보냈다. 그들은 '터무니없는 소리이며, 근거 없는 낙천주의'라고 비난했다. 어떤 이들에게는 1990년대에 대한 나의 예측은 공상과학소설에 지나지 않아 보였다.

그 책과 나의 '경제 연금술'이론에 찬사를 보냈던 혁신적인 기업주들도 있었다. 월마트의 설립자이자 당시 세계 최고의 부자였던 샘 월튼 Sam Walton도 그들 중 한 명이었다. 직접 판매 공동체 - 흥미롭게도 이 그룹은 다른 모든 이들보다 훨씬 먼저 경기 동향을 알아채곤 한다 - 는 재빨리 『무제한의 부<sub>富</sub>』의 의미를 파악했고, 나는 비즈니스 세계의 이 생기 넘치고 성장하는 부류의 사람들과 금세 친해지게 되었다.

> **직접 판매 공동체는
> 다른 모든 이들보다 훨씬 먼저 경기 동향을 알아채는 그룹**이다.

하지만 대부분 일반적인 경제 공동체들은 나의 이론과 1990년대에 대한 예측을 받아들이지 않았다. 1991년, 「월스트리트저널 The Wall Street Journal」은 『무제한의 부富』를 조소嘲笑하는 사설을 게재했다.

그들의 조소는 오래가지 않았다. 5년이 지난 후 나를 칭송하는 기사들이 실렸고, 내 책의 예측은 「월스트리트저널」 1면에 보도되었다. 그리고 이후 10년 동안 사람들은 『무제한의 부富』에서 주장한 경제 이론을 적중한 예측으로 받아들이기 시작했다.

### 1990년대의 경제

1991년부터 2000년까지의 전반적인 세계 경제는 역사상 가장 낮은 금리와 저 인플레이션을 기록하며 고성장을 이어가면서 규모 면에서 두 배로 늘었다. 미국의 가계 자산만도 세 배가 늘어 40조 달러를 넘어섰다. 백만장자의 수는 미국에서만 360만 가구에서 720만 가구로 두 배가 되었다. 전 세계적으로 억만장자의 수는 세 배로 증가했다.

한편, 일본 및 일부 다른 경제들은 붕괴했다. 그리고 경제적인 번영을 누리는 국가 내에서도 모두가 똑같이 번영을 크게 누리지는 못했다. 하지만 『무제한의 부富』에서 설명했듯이 이 시기의 번영에서 제외된 사람들은 그들의 피부색, 종교, 가족의 부富나 심지어는 교육 수준과도 전혀 상관이 없었다.

그리고 인터넷은 새로운 수조數兆 달러 규모의 산업으로 부상했다. 「타임Time」지誌가 1999년 '올해의 인물'로 선정한 인터넷 억만장자의 회사는 내 책이 출판되던 당시에는 존재하지도 않았다. 그 후 2001년 9월 11일, 모든 것이 바뀌었다.

우리 눈앞에서 세계무역센터가 무너지면서 그와 함께 무언가가 우리 안에서 무너져 내렸다. 수많은 사람들이 자신의 미래의 경제에 대한 신뢰와 자신의 경제적 운명을 스스로 만들어나갈 수 있다는 믿음을 잃어버렸다. 9.11 테러 사태 이후로 수많은 사람들은 자신의 일시적인 경제 상황이 영원할 수도 있다는 사실을 받아들이기 시작했다. 이러한 인식은 우리의 삶의 방식에 거대한 위협이 된다. 이는 9.11 사태를 일으킨 극악무도한 사람들이 가하는 물리적인 위협보다 더 막대하다. "무릇 그 마음의 생각이 어떠하면 그의 사람됨도 그러하니", 현대 경제에서는 "사람들이 경제에 대해 어떻게 생각하느냐에 따라 경제도 그러하다."

**우리 경제는 지금 어디로 가고 있는가?**

1990년대에 우리는 역사상 전례를 찾아볼 수 없는 경제 호황을 목도했다.

인터넷이 부상하면서 수백 년, 혹은 수십 년에 걸쳐 진행되었던 변화들이 단 몇 년, 혹은 몇 달 사이에 이루어지는 것을 보았다. 우리의 사방이 무한한 풍요의 깜짝 놀랄 만한 증거들로 둘러싸여 있다. 우리가 아찔한 속도로 새로운 발견을 해나가고, 또한 인류가 가진 무지의 경계를 넓혀나갈수록 그 무한한 풍요는 더욱 더 우리를 크게 반긴다.

하지만 9.11 테러 사태의 여파 속에 있는 오늘날, 많은 사람들이 자신의 눈으로 목격한 사실을 잊어버린 것처럼 보인다. 경제적 재조정과 세계적 테러의 가능성이 많은 사람들과 지도자들을 헤드라이트 앞에 드러난 사슴처럼 행동하게 만들었다. 9.11 테러 사태 이후의 수개월 동안 우리 경제는 당연히 악화되었다. 모든 사람들이 벌어진 사건과 그 여파로 인해 휘청거렸다. 사람들은 충격에 휩싸였고, 망연자실한 상태에 빠졌고, 우려를 금치 못했다.

모두가 이것을 기억한다. 하지만 모두가 잊어버린 것이 있다. 2001년 3분기 미국의 국내총생산 GDP은 0.2% 하락했고, 모두가 "경기 후퇴다!"라고 외쳤다. 하지만 이어진 분기에서 국내총생산은 다시 증가했다. 실제로 하락했던 수치의 열 배나 증가했다! 이후로 국내총생산은 매 분기마다 증가해왔다. 우리 경제는 1990년부터 시작된 부富의 증가와 번영이라는 이 새로운 시대를 향한 저돌적인 추진력을 재빨리 회복했다. 2005년에는 다우존스지수 - 널리 인정되는 추적 주가 지수 - 까지 회복되었다. 미국 가계 자산은 2001년 40조 달러에서 2005년 48조 달러로 증가했다.

미국 경제가 회복되었지만 대부분의 사람들은 이를 인식하지 못했다.

이 또한 당연한 것이 사람들은 아직 정서적으로 자신을 추스르지 못했다. 안타깝게도 많은 사람들은 이 책에서 묘사하는 아찔한 속도의 변화가 제공하는 멋진 기회를 놓칠 뿐 아니라 적절하게 대응하지 못해 직업을 잃게 될 수도 있다.

### 이 책의 목적

내가 이 책을 쓰는 목적은 미국 사회와 정부 혹은 미국이나 세계의 경제 정책에 대해 논하기 위함이 아니다. 나는 이 책에서 당신과 당신의 인생에 대해 이야기하고자 한다. 우리 경제가 어떤 길을 걸어 왔으며, 특히 어디로 향해 가고 있는지 논하고자 한다. 그리고 무엇보다도 당신이 할 수 있는 일, 단순히 살아남는 것이 아니라 향후 번성하고 번영하는 일에 대해 이야기할 것이다.

1991년에서 2001년 사이에 350만 명 이상의 사람들이『1990년 대공황』이라는 책에 미혹되기를 거부했다. 그 10년 동안 이 사람들은 스스로 백만장자가 됨으로써 미국의 백만장자의 수를 두 배로 증가시켰다. 지금도 그때와 동일한 조건이 적용된다. 더욱 더 그러할 것이다. 현재, 적어도 천만 명 이상의 사람들이 비관주의와 시대적 불안감을 떨쳐버리고, 새로운 부<sub>富</sub>의 창출이라는 급증하는 흐름을 타고 머지 않아 차세대 백만장자가 될 것이다.

당신을 이 차세대 백만장자 그룹으로 초대한다.

이 책에서 그 방법을 보여줄 것이다.

이 세상을 더 나은 곳으로 만들어 가면서,

자신을 위해 막대한 부$_富$와 즐거움을 창출하는

사람들에게 이 책을 바칩니다.

# 1장
# 경제의 신화와 현실

•

**신화와 현실**

이 책의 서문에 '위기인가, 기회인가?'라는 제목을 붙인 것은 이것이 현재에 존재하는 지배적이면서도 서로 대립되는 두 관점이기 때문이다. 사람들이 어떤 관점을 지지하느냐에 따라 그들의 선택과 행동, 그리고 크게는 그들의 운명까지도 좌우할 것이다. 우리가 실제로 처해 있는 상황은 전자가 아니라 후자라는 사실을 당신이 스스로 알 수 있도록 충분한 정보를 제공하는 것이 나의 목적이다.

물론 위기도 존재한다. 문제가 전혀 없는 세상 같은 것은 없다. 실직한 사람들이나 쫓겨난 사람들, 현기증 나도록 빠르고 혼란스러운 현대 삶의 양식 변화 속에서도 나름대로 열심히 살아가다가 상실을 경험하는 사람들의 실제로 존재하는 고통이나 어려움을 축소하거나 무시하려는 것이 아니다. 하지만 명백한 사실은 우리가 깜짝 놀랄 정도로 풍부한 기회의 시대에 살고 있다 것이다.

이 책에서는 아래 제기된 각각의 사안들을 매우 자세하게 다룰 것이다. 그리고 1장에서는 '위기의 신화'와 '기회의 현실'이라는 두 개의 입장 뒤에 놓인 생각들을 소개할 것이다.

신화 1 : 석유 공급 감소로 인해 경제는 살아남지 못할 것이다.
현대 세계의 전반적인 경제는 점진적인 소멸 직전의 위태로운 상황에 서 있다. 우리의 가장 큰 강점 즉, 석유에 대한 전적인 의존이 실은 가장 큰 약점이기 때문이다. 지구의 석유 매장량은 점점 고갈되고 있기 때문에 석유가 다 떨어지면 파티는 끝난다.

❖ 현실 : 우리는 항상 새로운 자원을 고안해 내기 때문에 자원이 고갈되는 일은 없다.
우리 조상들이 수렵 채집을 하던 시대 이후로 우리는 목전의 식량 공급이 고갈될 때마다 여기저기를 떠돌았고, 항상 자원을 '고갈시켜'왔다. 하지만 하나의 자원이 한계에 달할 때마다 우리는 인간 특유의 독창성을 발휘해 새롭고 더 나은 자원을 개발해 왔다.

> 많은 사람들이 우리가 항상 자원을 '고갈시켜' 왔다고 말하곤 한다.
> 하지만 하나의 자원이 한계에 달할 때마다 우리는 인간
> 특유의 독창성을 발휘해 새롭고 더 나은 자원을 개발해 왔다.

신화 2 : 실업률이 증가한다. 따라서 경제는 불황이다.

인터넷 비즈니스를 하는 기업들의 파산 사태 이후로, 특히 9.11 테러 사태 이후로 경제가 악화되면서 모든 것이 내리막길로 치달았다. 실업률이 치솟고 성장과 기회는 줄어들었다. 세계적인 테러의 위협이 상존하고 값싼 노동력이 아시아 시장에 일자리를 빼앗기는 현실 속에서 미국 기업의 분위기는 암울하며, 더욱 암울해질 것이다.

❖ 현실 : 미국 경제는 역사상 최고의 급성장기에 있다.

2001년의 마지막 분기에 잠시 주춤했던 것을 제외하고 미국의 국내총생산 GDP은 21세기가 시작된 이래 매 분기마다 증가해 왔다. 1991~2001년이라는 10년간의 역사적인 경기 확장의 시기가 끝나고, 우리는 현재 또 다른 경제 급성장 시기에 접어들었다. 일시적으로 직장을 잃은 실업자들에게는 고통스러운 일이지만 실업은 경제 성장에 반드시 필요한 긍정적인 징후이다. 본질적으로 우리는 생산성이 떨어지는 기업으로부터 노동력을 철수시켜 더 새롭고 더 생산적인 일을 위해 재교육을 시키는 과정에 있다. 20세기에 수백만의 노동자들이 농장을 떠나 공장으로 이동했고, 그 다음에는 공장을 떠나 새로운 소매 산업으로 이동했던 것과 같다.

동시에 이것은 매우 선택적인 번영의 시기가 될 것이다. 그러니까 특정한 사람들, 특정한 사업, 특정한 경제만이 번영할 것이다. 변화가 급속화 되고, 그 가운데 새로운 기술과 새로운 시장에 신속하게 적응하는 사람들만이 이러한 성장을 기회로 활용할 것이다.

신화 3 : 경제의 세계화는 미국을 사정없이 파괴하고 있다.
최고의 일자리는 모두 국외로 유출되고 있다. 중국이 새로운 경제 강대국으로 부상하면서 미국의 모든 정보통신기술(IT)과 다른 첨단기술 일자리가 싱가포르나 인도 같은 곳으로 이전되고 있고, 미국의 실업률은 계속 증가할 것이다.

❖ 현실 : 미국은 신흥 산업들을 선도하고 있다.
미국의 기업이 일자리를 국외로 이전시킬 때마다 그렇게 하는 이유는 오직 하나 즉, 이윤을 증가시키기 위해서다. 이렇게 증가된 이윤은 국외로 유출되지 않고 미국 내에 남아서 더 많은 구매력과 성장을 만들어낸다. 우리가 지금 접어들고 있는 경제 급성장기의 최고의 성장은 인터넷 서비스, 급등하는 웰니스(wellness) 산업, 지적知的 유통과 직접 판매라는 새롭게 떠오르는 산업들을 통해 이루어질 것이다.

다시 말하지만 이러한 급성장기의 격차는 증가할 것이다. 이는 미국과 아시아, 특정한 범주에 속하는 그룹들 간의 격차가 아니라, 성장하는 신흥 산업에 참여하는 사람들과 그렇지 않은 사람들 사이의 격차다.

신화 4 : 인터넷은 더 이상 새로울 것이 없다.

인터넷 호황은 그것이 실제로 존재했다면 이미 왔다가 지나갔다. 아니면 교묘한 속임수였을까? 1990년대 말 인터넷 회사들의 기업공개 이야기는, 기대는 컸지만 실제 소득은 없었던 것은 아닐까? 인터넷은 소문만큼 그렇게 대단하지 않았던 것처럼 보인다.

❖ 현실 : 인터넷은 역사상 가장 위대한 경제 혁명 중 하나이다. 그리고 이제 겨우 시작했을 뿐이다.

자동차의 발달이 현대사회의 모습을 바꾸어 놓았듯이, 다가오는 10년 동안 인터넷은 지금의 정의와 적용을 훨씬 뛰어넘어 확산될 것이고, 우리 삶의 모든 측면에 스며들 것이다. 이제 발달의 초기에 불과한 인터넷의 영향은 문명을 탄생시킨 문자 발명과 산업화를 낳은 인쇄기 발명에 비교될 수 있다.

> 이제 발달의 초기에 불과한 인터넷의 영향은 문명을 탄생시킨 문자 발명과 산업화를 낳은 인쇄기 발명에 비교될 수 있다.

신화 5 : 자기 사업에 뛰어드는 것은 위험하다.

누가 건강보험과 퇴직 수당을 날리는 위험을 감당할 수 있을까? 모두가 허리띠를 졸라매고 있기 때문에 재택사업을 하는 사람들이 경쟁력을 갖는 것은 더욱 더 어려워지고 있다. 가장 안전하고 안심할 수 있는 상태는 회사에 고용되어 일하는 것이다.

❖ 현실 : 30~40년 전에는 그랬을 지도 모른다. 하지만 오늘날 세계에서는 자기 자신을 위해 일하는 것이 가장 안전한 길이며, 회사를 위해 일하는 것은 위험한 일이 되었다.

부분적으로는 최근에 변경된 세법 덕분에 회사에 취직한 사람들이 누리는 주요 이점들을 자영업자도 동일하게 누릴 수 있게 되었다. 그리고 대기업의 분산화와 소기업, '가상 기업'(동종업체, 협력업체나 경쟁업체 간에 전략적 제휴나 합작관계를 맺고, 이를 통해 형성하는 기업 네트워크로 특정 목적을 달성한 후에는 해체되는 한시적인 기업 형태 - 역주譯註), 독립적인 계약자로의 전환이라는 전반적인 추세와 함께 오늘날 개인 사업가가 대규모 기업보다 훨씬 더 경쟁력을 갖는 경우가 많다. 사업가들은 이러한 경제 호황의 가장 큰 수혜자가 될 것이다.

> 오늘날 개인 사업가는 대규모 기업보다
> 훨씬 더 경쟁력을 갖는 경우가 많다.

신화 6 : 개인 사업가가 성공하는 것은 그 어느 때보다 어렵다.
개인에게 주어지는 기회는 축소되고 있다. 소규모 사업은 큰 기업이 집어삼키고, 큰 기업은 다국적 기업에 흡수되고, 인터넷은 직접 판매와 같은 개인 대 개인 거래를 빠른 속도로 사라지게 만들고 있다.

❖ 현실 : 우리는 지금 사업가의 시대로 진입하고 있다.
바뀐 세법은 공평한 경쟁의 장을 마련했을 뿐 아니라 기술의 변화는 개인 사업가들에게 유리한 쪽으로 뚜렷하게 기울어져 있다. 재택사업은 우리 경제에서 빠르게 성장하는 부분 중 하나이며, 겨우 100여 년 전에 시작되었던 기업의 시대가 이제 사업가의 시대로 넘어가는 흐름 속에서 그 추세는 계속 이어질 것이다.

> **재택사업은 우리 경제에서 빠르게 성장하는 부분 중 하나이다.**

수많은 사업가형 기업 형태 중에서도 현대의 직접 판매 산업은 이러한 환경에서 번창할, 그리고 기록적으로 많은 사람들에게 전례 없는 기회를 제공할 완벽한 준비를 갖추었다.

### 눈앞에 놓인 기회

이제 막 시작된 21세기는 사업가의 시대로 알려질 것이다. 미국인과 세계의 수많은 자본주의 경제 체제의 사람들은 가족 소유의 사업이라는 자신들의 뿌리로 돌아가는 시대가 될 것이다. 그렇게 자신의 뿌리로 돌아간 사람들은 막대한 부富를 얻을 수 있을 뿐 아니라, 자기 사업을 소유하고 자기 운명을 지배함으로써 개인적, 사회적 자유와 함께 도덕적 가치와 가족의 가치를 확인하고 강화할 수 있을 것이다.

많은 사람들이 9.11 테러 사태로 인해 경제적으로 주춤했던 2001~2004년의 경험 때문에 이런 사실을 인식하지 못하고 있지만, 지금의 우리 경제는

1991년 시작된 40년간의 경기 확장 시기에서 겨우 20여 년을 보낸 시점에 있다.

지난 몇 년 동안 많은 회사들이, 기술이 주도하는 경기 확장 시기에 자신들의 역할을 입증해 왔다. 많은 회사들이 지적 유통이라는 새로운 분배를 중심으로 설립되었다. 또한 중요한 것은 이런 회사들 중 일부는 단순히 고용을 창출하기보다는 실제로 사업 기회를 제공한다. 그런 회사, 특히 직접 판매 회사에서는 자기 사업을 소유한 상태에서 이미 자리를 잡은 입증된 분야나 산업에 뛰어듦으로써 '두 마리 토끼'를 잡을 수 있다.

**차세대 백만장자**

1991년 미국 가계 자산은 13조 달러였고, 순자산 백만 달러 이상의 가구 수는 360만이었다. 2001년 미국 가계 자산은 40조 달러로 놀랍게 증가했고, 백만장자 수는 두 배로 껑충 뛰었다. 2001년 세계무역센터가 무너진 뒤 많은 사람들이 경기 호황의 수혜를 볼 기회를 놓쳤다고 느꼈지만, 9.11 테러 사태가 일어나고 4년 뒤 미국 가계 자산은 8조 달러가 더 증가했다! 바꿔 말하면 그 모든 안 좋은 뉴스들에도 불구하고 가계 자산은 20%나 증가한 것이다! 사람들이 이렇게 어려운 시기라 말하고 있는 동안에도 새로운 백만장자는 계속해서 증가하고 있다는 사실이다.

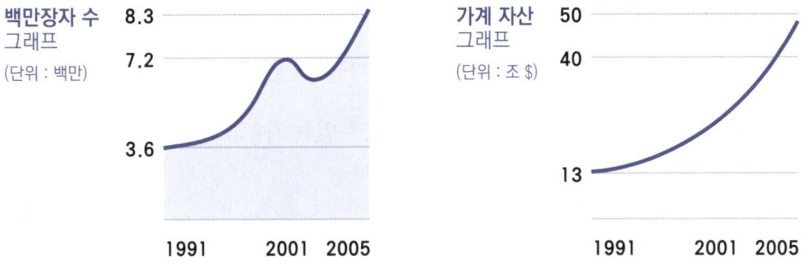

오늘날 미국과 세계 경제는 1991년과 거의 동일한 모습을 보이고 있다. 다른 점이라면 최근의 세법과 기술의 변화로 인해 사업가들에게 더 많은 기회가 주어지고 있다.

이 책에서 앞으로 분석할 다른 요인들과 이러한 역사와 현재의 조건을 기반으로 나는 미국 가계 자산이 2016년까지 100조 달러에 이를 것으로 예상했었다. 그리고 그동안 폭발적으로 성장한 미국 경제는 전 세계 비중의 41.2%를 차지하는 백만장자를 배출해냈다.

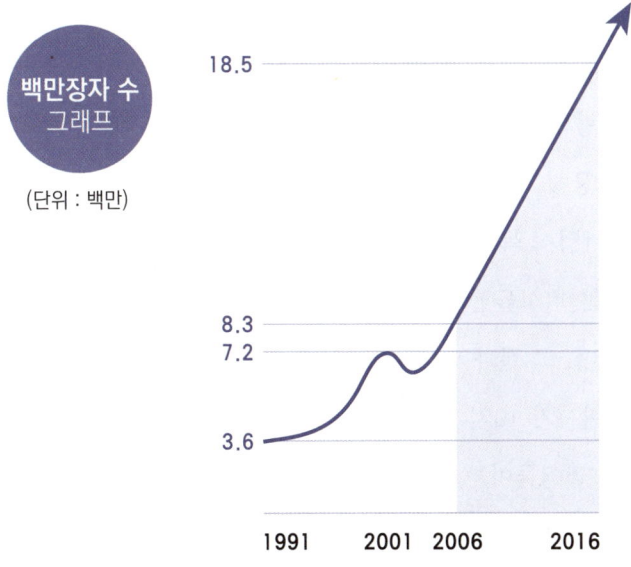

1장 경제적 신화와 현실 025

**부富의 민주화**

이 숫자가 기이해 보이는가? 당신은 지금 속으로 '어떻게 그렇게 많은 백만장자가 생길 수 있어?!'라고 생각하고 있는가? 그렇다면 다음을 읽어보라.

지난 수십 년 동안 우리는 무無에서 출발해서 엄청난 부富를 창출한 회사들을 목도해 왔다. 2005년, 마이크로소프트의 시가총액은 2,740억 달러에 이르렀다. 이 돈을 개인에게 각각 백만 달러씩 분배했다면 27만4천 명의 백만장자가 생겨났을 것이다!

2001년까지 미국 가계자산은 40조 달러에 이르렀다. 이 부富를 나누어 1인당 백만 달러를 지급한다면 몇 명의 백만장자를 창출해낼 수 있다고 생각하는가? 무려 4천만 명이다! 물론 마이크로소프트사社는 27만4천 명에게 분배하지 않았고, 우리는 40조 달러의 가계자산을 그런 식으로 나누지 않았다. 하지만 지금 우리는 실제로 그 일을 시작하고 있다. 중소기업협회(The Small Business Association)가 보고한 자료에 따르면 중소기업이 미국 경제 생산량의 이분의 일 이상을 책임지고 있고, 민간부문 종업원의 절반 이상을 고용하고 있으며, 재택사업은 중소기업의 절반을 차지하고 있다. 대규모 기업이 독립적인 계약자와 자영업자로 대체되고 있다.

사실상 우리는 큰 회사들을 그 구성 요소들 즉, 개인 사업가들로 분해하는 과정에 있으며, 그 결과 더 많은 개인 사업가들이 백만장자가 되고 있다. 과거에 한 회사가 10억 달러를 벌어들였다면 오늘날에는 천 명이 각각 100만 달러를 벌어들이는 것을 목도하고 있다. 부자가 더 부자가 되는 것이 아니라 '더 많은 사람들이 부자가 되는 것'이다. 즉, 백만장자의 수가 증가하고 있다.

과거에는 전혀 기회를 가질 수 없었다. 대기업이 지배했으며 아스토 가家, 밴더빌트 가家, 록펠러 가家의 사람들처럼 돈을 버는 사람들은 정해져 있었다. 하지만 1990년대에는 360만 명이 한 걸음 나아가 자신의 부富를 당당히 요구했다.

2016년까지 미국 가계 자산이 100조 달러에 이를 것이라는 예측으로 다시 돌아가 보자. 그런데 이것은 보수적인 추정치였다. 1991년에서 2001년까지 10년 동안 가계 자산이 13조 달러에서 40조 달러로 세 배나 증가했다는 사실을 기억하라. 나는 향후 10년 동안 48조 달러에서 100조 달러로 겨우 두 배 증가할 것으로 예측했다.

새로 창출되는 52조 달러는 어디로 갈 것인가? 물론 대부분은 이미 부자인 사람들을 더 부유하게 만드는 데 사용될 것이다. 하지만 적어도 20퍼센트 - 10조 달러, 혹은 그 이상 - 는 새로 등장하는 사업가들에게 돌아갈 것이다. 10조 달러는 천만 명의 새로운 백만장자의 몫이다. 이들이 차세대 백만장자이다.

글을 쓰는 사람으로서 내가 느끼는 가장 큰 희열 중 하나는 그 차세대 백만장자들 중 상당수가 지금 이 책을 읽고 있다는 사실이다.

# 2장
# 문명의 소사小史

**아브라함 : 최초의 사업가**

내가 아는 한, 인류 역사상 최초로 자유기업 체제와 사업가의 원칙을 발견한 사람은 선지자 아브라함이었다. 그는 우르(Ur of the Chaldean) 땅에서 나온 유목민이었다. 아브라함이 가나안에 장막을 치고 자신의 거처를 정했을 때, 그는 떠돌아다니며 먹을 것을 채집하는 것보다 한 곳에 정착해서 가축을 키우고 씨를 뿌리면 훨씬 더 부유해질 수 있다는 사실을 발견했다. 땅에 식물을 심고 재배함으로써 - 실질적으로 자기가 먹을 식량을 스스로 생산함으로써 - 아브라함은 유목민에서 농부로 변신했다.

아브라함의 이야기는 하나의 경제 유형에서 전혀 다른 종류의 경제 유형으로의 급진적인 탈바꿈에 관한 이야기이다. 이것이 실제로 얼마나 엄청난 의미를 포함하고 있는지 잠시 생각해 보자. 수렵·채집인은 이곳 저곳을 떠돌며 먹을 것을 찾을 수 있는 곳에서 식량을 취하고, 그 땅이 고갈되고 나면 이동한다. 이것이 아브라함 시대의 표준적인 경제 체제였다. 대부분의 사람들이 이리저리 떠도는 부족의 형태로 다른 땅을 찾아 끊임없이 이동하며 살아갔다. 그와 대조적으로 농부들은 특정한 땅에 대한 소유권을 주장하며 그곳에 농작물을 심고 기르면서 끊임없이 식량 공급을 재개해 나가는 사람들이었다. 농업은 사실상 '토지 소유'라는 개념을 근거로 한다.

이처럼 아브라함은 식량과 부富를 찾아 헤매 다니며 땅과 날씨에 의존하는 대신 자신의 부富를 창출하는 일을 스스로 담당하게 되었다. 이는 "하나님, 내일은 식량을 찾을 수 있게 해주시옵소서!"라고 기도하기 보다는 "하나님, 식물을 잘 심어서 6개월 동안 자라기를 기다렸다가 겨울을 대비해 수확할 수 있는 힘과 지혜를 저에게 주시옵소서!"라고 기도하는 것을 의미했다. 이것은 엄청난 경제적 변화일 뿐 아니라 사회적, 영적으로도 어마어마한 전환이었다.

아브라함은 이슬람교, 기독교, 그리고 유대교의 아버지로 간주된다. 그의 원래 이름인 아브람은 '아버지'라는 뜻이고, 나중에 아브라함으로 바뀌었는데, 이것은 '열국의 아버지'라는 뜻이다. '열국의 아버지'는 말 그대로 이스마엘(아랍 세계의 창시자)과 이삭(그의 직계 자손이 유대교와 기독교를 설립했다)의 아버지였다. 하지만 이런 역사는 족보와 생물학적 혈통 이상의 의미를 갖는다.

창세기에서 하나님은 아브라함에게 "너의 자손이 바다의 모래와 하늘의

별처럼 많아질 것이다"라고 약속했다. 하지만 흔히 '자손'으로 번역된 히브리 단어는 더 정확하게 번역하면 '네가 믿는 것을 믿는 사람들'이다. '아브라함의 자손'은 부富를 찾아 여기저기 헤매 다니거나 부富를 얻기 위해 서로 싸우고 죽이는 것이 아니라, 자기 자신의 부富를 창출하는 능력을 믿는 사람들을 의미한다. 이것이야말로 현대의 사업가에 대한 훌륭한 정의다!

> 현대의 사업가는 부富를 찾아 여기저기 헤매 다니거나
> 부富를 얻기 위해 서로 싸우고 죽이는 것이 아니라,
> 자기 자신의 부富를 창출하는 능력을 믿는 사람들이다.

### 출발 : 경제학 이론

아브라함은 단순히 특정한 민족, 혹은 종교를 가진 사람들의 아버지가 아니었다. 그는 모든 문명 발달이 근거로 하는 경제 모델을 제시한 현대 세계의 아버지였다.

오늘날에는 이런 개념을 '정상적인' 것으로 당연하게 받아들이기 쉽지만, 아브라함의 시대에 이것은 급진적인 개념이었다. 다른 이들이 이해하기 얼마나 어려운 개념이었을지 상상해보라. 하나님이 허락한 식량이 있는 땅을 찾아 전쟁을 하고 서로 죽이는 대신, 한곳에 정착해 자신의 땅을 소유하고 먹을 것을 스스로 재배한다. 아브라함의 이웃에게 이것은 분명 미친 짓으로 보였을 것이다. 북쪽에서 온 블레셋 사람이나 남쪽에서 온 이집트인

이 그의 땅에 와서 이렇게 말하는 것을 상상해 보라. "우와! 이 아름다운 땅에 자라는 이 모든 식물을 봐. 이것을 블레셋이나 이집트로 가져가자." 그리고 아브라함이 수염을 휘날리며 달려와 이렇게 외친다. "이봐요, 잠깐만요! 이 식물은 내가 심은 것이오. 절대 가져갈 수 없소. 이것은 내 작물이고 이것은 나의 땅이란 말이오!"

아브라함의 주장에 대해 그들이 무엇이라고 대답할까? "말도 안 되는 소리! 땅을 '소유'해선 안 되오. 아무도 땅을 소유하고 '식물'을 만들 수는 없소. 식물은 하나님이 만든 것이오. 이건 누구나 아는 사실이오! 당신이 얻을 수 있는 것처럼 우리도 그것을 얻을 권리가 충분히 있소." 아브라함이 이 작물은 6개월 전 자신이 심었다고 주장하는 모습을 상상해 보라. 그들은 아브라함이 미쳤다고 생각할 것이다.

이것은 자유기업체제의 역사에서 반복적으로 볼 수 있는 양상이다. 혁신과 진보는 저항과 몰이해에 직면한다. 오늘날에도 여전히 그러하다.

아브라함은 무엇보다도 자신이 깨달은 것을 모든 사람들이 이해하기를 원했다. 즉, 보다 높은 정신적 존재 - 하나님이든, 보다 높은 신이나 영적 실체를 명명하기 위해 어떤 이름을 사용하든 - 에게 단순히 식량을 달라고 구하는 것이 아니라 식량을 만들 수 있는 지식과 힘을 구한다면 우리는 무한한 부를 가질 수 있다고 믿었다. 아브라함은 모든 이들이 경계를 넘어가서 다른 이들의 소유물을 강제로 점령하는 대신 자기 자신의 소유물을 만들어내고 향상시키는 일에 힘을 다한다면 하나님의 자녀들이 모두 얼마나 번영할 수 있다는 것을 깨달았다. 세계 역사의 나머지는 5천여 년 동안 마침내 그

지점에 이르기까지 인류가 걸어온 시간들이다.

> 아브라함은 무엇보다도
> 자신이 깨달은 것을 모든 사람들이 이해하기를 원했다.
> 보다 높은 정신적 존재 – 하나님이든, 보다 높은 신이나 영적 실체를
> 명명하기 위해 어떤 이름을 사용하든 – 에게 단순히 식량을 달라고
> 구하는 것이 아니라 식량을 만들 수 있는 지식과 힘을 구한다면
> 우리는 무한한 부富를 가질 수 있다고 믿었다.

## 자유 교역과 부富의 기원

오늘날에는 땅이 아닌 사업을 소유하는 것으로 대체되지만 원리는 똑같다. 자신의 소유물을 가진 개인은 그 소유물을 통해 자신의 노력을 성장과 생산으로 탈바꿈시킨다. 오늘날의 사업가들은 자신이 가진 소유물에서 출발하지만 창의력과 기술을 활용해 현재 가진 것보다 더 많은 자산을 만들어냄으로써 부富를 창출한다.

아브라함의 원칙, 사업가적 소유라는 발상이 지난 수천 년 간의 경제 성장 - 처음에는 더디지만 꾸준히 속도를 내는 - 의 원동력이었다. 또한, 두 번째로 강력한 경제적 힘인 교역도 함께 경제 성장을 이루어 왔다.

소유권은 혁신, 개발, 개량과 완벽을 향한 추진력을 가속화시켰다. 끊임없이 이곳 저곳을 떠도는 대신 한 곳에 정착해 수년 간 같은 땅을 개량

하기 시작하면서 인간의 창조 능력과 개선 능력은 본격적으로 발휘되었다. 더 나은 도구를 만들기 위해 뇌와 마주보는 엄지를 활용하는 인류에게 소유권은 새로운 도구와 기술을 발전시키는 새로운 기회를 만들어냈다.

수렵·채집으로 식량을 구하던 시대에 인간은 모두 똑같은 보편적인 기술을 가지고 있었다. 우리는 모두 '모든 걸 다 잘하지만 뛰어난 한 가지가 없는' 사람이었다. 하지만 토지를 소유하고 공동체 사회에 정착하면서 우리는 자신만의 특성을 가지고 자신만의 기술을 개발하기 시작했고, 또한 이는 필연적으로 계속해서 증가해가는 하는 교역으로 이어졌다.

더 많이 발전하고 전문화될수록 인간은 자신만의 독특한 기술과 생산물을 개발하며, 다른 이들의 독특한 기술과 생산물과 더 많이 교역해야 한다. 기술이 더욱 더 다양해질수록 더 전문화되고, 교역은 증가한다. 교역이 증가할수록 교역에 참여한 모든 사람들의 부富는 더욱 증대된다.

> 기술이 더욱 더 다양해질수록 더 전문화되고, 교역은 증가한다.
> 교역이 증가할수록 교역에 참여한
> 모든 사람들의 부富 또한 더욱 증대된다.

사실, 전반적인 경제적 부富의 진정한 한계는 얼마나 많은 사람들이 교역에 참여하는가에 달려 있다. 예로부터 늘 상인과 무역상이 가장 부유한 계층이었던 이유가 여기에 있다. 그들은 전문화된 생산물을 이곳에서 저곳으로 이동시키면서 무역 그 자체의 힘으로 부가가치를 창출해왔다. 이러한 전개과정을 요약하면 다음과 같다.

- 우리가 한 가지 일에 대해 더욱 전문화될수록 개인의 생산량은 더욱 증대한다. 한 가지 일, 한 가지 사업, 한 가지 산업에서 더 많은 일을 할 수록 그 한 가지 일에 더욱 더 능숙해진다.

- 한 가지 작업에 대해 더욱 더 전문화되고 생산량이 증가할수록 그 색다르고 특이한 생산물을 다른 이들과 교역하고자 하는 욕구와 필요는 더욱 증가한다. 자신이 속한 공동체 내의 다른 개인과의 교역으로부터 시작해서 인근 도시, 이웃 나라, 그리고 마침내는 전 세계에서 교역할 사람들을 찾는다.

- 전체 사회, 국가, 혹은 정부의 경제적 생산이 증대될수록 다른 나라 나 정부의 전문화된 생산품과 교역할 필요도 증가한다. 더 많은 사회와 교역할수록 세계의 부富는 더욱 더 증가한다.

이는 경제적 관점에서뿐만 아니라 사회적, 문화적으로도 세계 역사를 설명한다. 이러한 모든 교역에는 사회적 부가 혜택이 발생하기 때문이다. 교역의 증가와 경제의 다양화는 다양한 사람들, 많은 종교와 문화, 그리고 세계를 보는 다양한 방식과 함께 살아가는 방법을 배워야 한다는 것을 의미한다.

우리가 창출할 수 있는 부富의 양은 오직 교역에 참가하는 사람들의 수에 의해 한정된다는 사실과, 그리고 더 많은 사람들과 교역하기 위해서는 더 많은 사람들을 기꺼이 이해하고 신뢰해야 한다는 사실을 깨닫는다면 당신은 경제학의 경계를 넘어 신학의 영역으로 들어가기 시작한다. 일부 지능이 높은 사람들, 유순한 사람들, 선을 베푸는 사람들, 혹은 세력만이 그토록 간단하지만 강력하고 사랑스러운 개념을 바탕으로 무한한 경제를 창출할 수 있다는 사실을 깨닫기 시작했기 때문이다.

> 우리의 부富는 우리가 기꺼이 그 부富를 나누고자 하는
> 사람들의 수에 정비례하여 보상을 한다.

### 자유기업 체제의 세계화

고대의 사람들은 더 많은 길을 닦을수록 더 많은 사람들이 소식을 주고받고 물품을 교역할 수 있다는 사실을 매우 빨리 알아챘다. 더 많은 길을 닦을수록 더 많은 사람들이 교역을 하는 무리에 포함될 수 있고, 더 많은 사람들이 전문화되고, 전반적인 상품과 서비스의 범위와 다양성을 넓힐수록 교역의 가능성은 더 커졌다.

그 영향으로 사람들은 도시에 모여 살게 되었고, 그로 인해 거대한 경제력을 키우고 싶었던 사회는 도로를 내고, 교역로를 건설했다. 로마 제국이 대리석 고속도로망을 건설해 유럽을 뒤덮었던 이유도, 영국 제국이 전 세계에 수송경로를 건설했던 것도 이러한 이유 때문이다. 20세기에 미국의 경제적 우세를 가속화하고 라이벌이었던 소련의 경제적 힘과 구별시킨 단

한 가지 항목이 있다면 그것은 처음 반세기에 미국이 건설한 거대한 도로체계였다. 고속도로체계는 그 자체가 미국의 건국 초기부터 구축된 자유무역의 유례없이 강력한 요소의 자연스러운 표출이었다.

20세기에 두드러진 미국의 경제적 힘은 사실 미국 헌법의 조항에서 기인한다. 미국 헌법에 따르면 각 주州는 주민을 다스리는 자치 법을 만들 수 있고, 자체 통화通貨를 발행할 수 있으며, 자체 군대까지 보유할 수 있다. 그러나 각 주는 다른 주와의 자유 교역을 제한하는 법을 제정할 수는 없다.

이것은 매우 급진적인 일이다. 수십 개의 자치 독립체에게 그들의 소비자가 다른 독립체에게서 구매하는 것을 막을 수 없다고 말하는 것이다. 미국 헌법은 이러한 경제체제를 만들어낸 역사상 최초의 문서이며, 헌법의 틀을 세운 농부 사업가들의 경제에 대한 이해가 매우 뛰어나고 예지적이었음을 보여준다.

오늘날 아이들은 학교에서 종교의 자유와 언론의 자유가 미국이라는 국가 설립 근거의 전부라고 배운다. 그러나 아브라함의 이야기에서 보았듯이 그 중심에는 매우 현실적인 문제가 있었다. 미국 헌법 제정자들은 종교적 박해만큼, 혹은 그 이상의 경제적 박해가 있을 것을 알았다. 그리고 사업가가 다른 사업가들과 모든 측면에서 상호 향상을 위한 교역을 자유롭게 할 수 있게 하는 체제만이 진정한 성장을 가져온다는 사실을 이해했다.

> 미국 헌법 제정자들은 사업가가 다른 사업가들과
> 모든 측면에서 상호 향상을 위한 교역을 자유롭게 할 수 있게 하는
> 체제만이 진정한 성장을 가져온다는 사실을 이해했다.

근대에 이르러 이는 더 이상 미국만의 독점적인 현상은 아니다. 이른 바 서구 세계의 경제적 힘은 시민들 간의 자유 교역이라는 동일한 원칙을 기반으로 한다. 우리의 자유 교역 단위 안의 10억여 명의 개인은 매우 부유하다. 그들은 모두 더 좋은 제품이나 서비스를 생산하기 위해 노력을 다하기 때문이다. 그렇지 않으면 10억여 명의 단위 안의 다른 누군가가 그 자리를 차지할 것이다.

오늘날 세계의 잘못된 점을 한 마디로 요약한다면 74억 명의 인구가 사는 세계에서 일본, 미국, 유럽을 거쳐 전 세계적으로 겨우 전체 인구의 4분의 1만이 자유 교역에 종사하고 있다는 점이다. 이것이 그들이 세계의 부유한 사람들 즉, 가진 자들이 되는 이유다. 나머지 55억 5천만의 사람들이 가지지 못한, 18억 5천만 명의 사람들이 가지고 있는 것은 무엇인가? 자유 교역 즉, 그들의 행동에 대한 정부의 억제 없이 무언가를 생산해서 자유롭게 나누는 능력이다.

급격한 변화로 인해 종종 발생하는 정치적 불안을 방지하면서 나머지 4분의 3의 사람들을 자유 교역의 환경으로 끌어들이는 것은 쉽지 않은 문제이다. 그러나 이것은 어렵긴 하지만 불가피한 일이다. 시계가 거꾸로

돌 수 없고, 기술이 둔화되거나 방향을 바꾸거나 퇴보할 수는 없다.

한편, 전 세계적인 교역의 자유를 향한 멈출 수 없는 기세를 몰아붙이는 창의성의 엔진, 혁신 및 경제적 성장, 그리고 그 결과로 초래된 신앙과 언론, 생활 방식의 자유는 더욱 속도를 올리고 있다. 그리고 지금 이 책을 읽고 있는 당신은 그 가속의 핵심을 차지할 수 있는 매우 유리한 입장에 있다.

# 3장
# 부족의 경제학

**터널 시야**

　3세기의 위대한 기독교 신학자 성 어거스틴 St. Augustine은 "하나님은 우주를 창조하시기 전에 무엇을 하셨습니까?"라는 질문을 받은 적이 있다. 그는 "하나님은 그런 질문을 던지는 당신 같은 사람들을 위해 지옥을 만드느라 바쁘셨소."라고 대답했다.

　오늘날 우리는 그런 질문들을 던질 뿐 아니라 권장한다. 우리는 어떤 질문이라도 받아 마땅하다고 여긴다. 아이들에게 우리가 답할 수도 없는 질문들을 던지라고 하며, 학교에 가서 공부하고 혁신하고 조사하고 답을 찾으라고 격려한다. 우리는 흔히 답은 있게 마련이라고 생각한다. 그것이 인류가 여기 지구에 살고 있는 이유들 중의 하나라고 보편적으로 인식하고 있기 때문이다.

하지만 우리가 열정적으로 지식을 구할지라도 때로는 우리의 질문 자체의 특성이 가능한 답을 보지 못하도록 우리의 눈을 가린다. 이것은 고전파 경제학의 관점을 불리하게 만들고, 오늘날 우리의 머릿속을 떠나지 않는 터널 시야의 일종이다.

내가 말하고자 하는 터널 시야의 의미에 대한 예를 들어보자. 약 2,500년 전, 알렉산더 대왕이 무력으로 경제 제국을 건설하려 했을 때 그와 동시대에 살았던 아리스토텔레스는 기술을 통해 세계를 변화시키고자 했다. 아브라함 이래로 농업 세계에서 가장 중요하면서도 성가신 문제들 중 하나는 농부들이 수확량을 극대화할 수 있도록 계절의 변화를 정확하게 예측하는 방법을 찾는 것이었다. 사람들은 추위와 더위, 우기와 건기가 교차하면서 주기적으로 순환한다는 사실을 알았지만, 전체적인 문명 자체는 이에 대한 구체적으로 이해할 수 있는 방법을 찾으려 고군분투했다. 그들은 하늘에서 예측할 수 없는 방향으로 기이하게 움직이는 행성들을 관찰했고(그리스어로 '행성'은 '이리저리 돌아다니다'라는 뜻이다), 이러한 천체들의 움직임과 지구의 상태 사이에 복잡한 관계들이 있다는 사실을 인식했다. 그러나 시간의 흐름을 설명할 수 있는 일관되고 논리적인 방법을 찾아내지는 못했다.

하늘을 관측하던 아리스토텔레스는 이렇게 말했을지도 모른다. "이봐, 저것들은 신이 아니야. 저건 거대한 암석이야. 움직이지 않는 지구를 중심으로 각각 정해진 궤도를 따라 도는 거야." 그는 1년 12개월 365일로 구성된 매우 뛰어난 달력 체제를 만들어냈다. 이후로 사람들은 이 달력을 사용해 계절과 무역풍을 예측하고, 농업을 관리하고, 삶에 질서를 부여했다.

그리고 가장 놀라운 것은 오늘날에도 인류는 여전히 아리스토텔레스의 달력을 사용하고 있지만, 이것이 정확하지는 않다는 사실이다! 왜 그럴까? 아리스토텔레스의 달력은 완전히 잘못된 사실 즉, 행성들이 지구 주위를 돈다는 가정 하에 만들어졌기 때문이다(그래서 윤년을 두는 것이다).

그래서 달력의 문제는 지속되었다. 매 100년마다 7월에 눈이 내렸고, 그때마다 교황의 칙령에 따라 6개월씩 달력을 제자리로 돌려야 했으며, 이후로 천문학자들은 완벽한 달력을 만들기 위해 500년 동안 연구를 거듭해 왔다.

이러한 연구의 중심에는 그 해결을 방해하는 문제가 놓여 있다. 질문 자체에 문제가 있는 것이다. 바로 천문학은 지구를 중심으로 해서 궤도를 따라 도는 행성들을 연구하는 학문이라는 점이다. 문제의 정의 자체가 그 누구도 정답을 찾을 수 없게 만든다. 답은 시야 밖에 놓여 있다. 그들의 과학은 오늘날 이른 바 '잘못된 전제'로 불리는 것에 근거를 두고 있다. 그것은 '터널 시야'였다.

폴란드의 천문학자 코페르니쿠스가 지구는(다른 행성들과 마찬가지로) 태양을 중심으로 돌고 있다는 사실을 제안한 뒤에야 비로소 우리는 완전히 뒤집어 생각함으로써 아리스토텔레스의 업적을 '고칠' 방법을 찾기 시작했다. 80년 후 이탈리아의 과학자 갈릴레오는 자신이 발명한 망원경을 사용해 코페르니쿠스의 가설이 맞았음을 입증했다.

하지만 갈릴레오에게는 문제가 하나 있었다. 사실, 기득권층에게 갈릴레오는 골칫거리였다. 그의 발견은 기존의 패러다임을 뒤흔들었다. 그는 재판을 받고 화형에 처해지기 직전에 자신의 주장을 철회했다. 당시의 교황은 갈릴레오와 대학 동기이며 좋은 친구 사이였음에도 불구하고 자신들의 기존의 세계관이 혼란에 빠지는 것을 용납할 수 없었다.

이런 이야기가 단지 역사적 교훈에 지나지 않는다고 여겨진다면 다음의 사실을 생각해 보라. 교황청이 공식적으로 기존의 입장을 번복해서 갈릴레오가 죽고 난 다음에 그에게 사과를 한 것은 1992년에 이르러서였다!

행성들이 지구 주위를 돈다고 말하고, 지구는 평평하다고 단언하며, 땅을 경작하고 '소유'하려 했던 아브라함을 미치광이라고 선언하는 이러한 종류의 터널 시야는 오늘날 우리 주변에도 여전히 건재하면서 부富와 경제에 대한 일반적인 이해를 방해하고 있다.

오늘날 비전문가와 경제학자 모두에게 부富에 대한 통설은 지구를 중심으로 행성들이 돈다고 말하는 것과 같다. 아리스토텔레스의 달력처럼, 부富에 대한 기존의 패러다임을 완전히 뒤집어 생각하지 않는 한 우리 사회가 어떻게 변화하는지 이해하는 것은 불가능하다. 우리가 생각을 바꾼다면 - 중심에 태양을 놓고 있는 그대로 사물을 바라보는 용기를 갖는다면 - 혼란은 사라진다. 갈릴레오가 망원경을 통해 하늘을 바라보았던 것처럼 우리는 사물을 분명하게 볼 수 있게 된다. 상황이 어떻게 흘러가고 있는지 이해하고, 가장 현명한 경제적 결정을 내릴 수 있게 된다.

### 암울한 과학

오늘날 우리의 경제적 비전에 어두운 구름을 드리우는, 치명적인 결함이 있는 '코페르니쿠스 이전'의 세계관은 한 마디로 요약될 수 있다. 바로 '부족 不足'이다.

트루먼 Harry Truman 대통령이 한 저명한 경제학자에게 국가의 경제 상황에 대해 끊임없이 나열하는 이야기를 듣고 있었다. 이제 복잡한 일장연설을 끝냈을 것이라 생각했을 때 쯤 그 경제학자는 숨을 한 번 들이쉰 뒤, 이야기를 이어갔다.

"다른 한편으로는(On the other hand)…"

이에 트루먼 대통령이 그 유명한 말을 던졌다.

"이 나라에 필요한 것은 훌륭한 외팔이(one-handed) 경제학자요."

이것은 재미있는 일화이지만 근원적인 비극을 드러낸다.

어느 나라에서든 경제를 돕기 위해 어떤 방법이 필요한가를 놓고 벌어지는 정치적 논쟁을 들어보라. 경제학이 과학이라면 왜 과학자들조차 어떤 방안이 실제로 효과가 있는지 조금이라도 파악하지 못하는 것처럼 보이는가? 왜 그들은 답을 가지고 있지 않은 것처럼 보이는가? 경제학은 과학인가, 아니면 어림짐작인가?

사실, 우리 대부분에게 경제학은 실제로 우리의 삶에 가장 중요한 과학이다. 우리의 일상적인 삶의 거의 대부분의 영역에 영향을 미치고, 우리 삶의 가장 힘들고 어려운 부분을 다루는 과학이다. 그런데 정말 놀라운 사실이 있다. 대부분의 경제학자들을 포함한 많은 사람들은 아직도 현실을 파악하지 못하고 있다는 것이다!

오늘날 경제학은 200년 전 의학과 같은 위치에 처해 있다. 치료제와 치료 방법은 있다. 그리고 그것이 때로는 효과가 있는 것처럼 보이지만(치료 과정에서 때로는 환자를 죽게 하는 경우도 있지만), 왜 그것이 효과가 있는지, 혹은 없는지를 설명하는 명확한 이론이 없다. 우리에게는 우리 주변에서 벌어지고 있는 상황을 설명할 기본적인 이론이 없다.

> 오늘날 경제학은 200년 전 의학과 같은 위치에 처해 있다.
> 우리에게는 우리 주변에서 벌어지고 있는
> 상황을 설명할 기본적인 이론이 없다.

내가 경제학자가 되기로 결심했던 이유는 어린 시절 내 주변을 둘러보면 항상, 모든 사람들이 직면한 가장 긴급한 문제는 경제인 것 같았기 때문이다. 경제학에 대해 내가 배울 수 있는 모든 것을 배움으로써, 나는 사람들이 자신의 삶을 좀 더 잘 통제할 수 있도록 도울 수 있는 비결을 찾고 싶었다. 사실, 경제학은 단순히 통화나 금융에 대한 학문이 아니다. 경제학은 우리 자신의 운명을 통제하는 방법을 찾는 학문이다.

그러나 전통적으로 경제학은 그런 방법을 찾지 않았다. 흔히 '암울한 과학'이라 불리는 전통적인 경제학은 '부족의 학문'이다. 어떤 경제학 교과서에서든 다음과 같은 문장을 찾을 수 있다. "경제학은 사회에서 부족한 자원을 어떻게 할당하고 배분하는가를 연구하는 학문이다."

경제학은 "토지, 담수, 광물 및 그 외의 필수적인 자원의 공급은 한정적이다. 그것을 분배하는 방법을 다루는 학문이 경제학이다"라고 가르친다. 공산주의든, 사회주의든, 자본주의든, 혹은 다른 어떤 주의든, 한정적인 자원을 사람들이 '공정하게' 나누는 문제에 대한 학문이 경제학이다. 경제학에 대한 이러한 정의는, 만약 우리가 한정된 자원을 다루고 있다면 성공하는 유일한 방법은 다른 누군가의 자원을 빼앗는 것뿐이라는 의미를 내포하고 있다.

지난 40여 년 동안 내가 해온 모든 일은 부족의 신화가 틀렸음을 밝히는 데 중점을 두고 있다. 직업적인 나의 삶에서 이보다 더 큰 사명은 없다.

> 지난 40 여 년 동안 내가 해온 모든 일은
> 부족의 신화가 틀렸음을 밝히는 데 중점을 두고 있다.

역사를 통해 우리는 엄청난 부의 증가를 경험했음에도 불구하고 모든 것이 고갈되고 있다는 핵심사상은 수천 년 동안 우리 생각의 발목을 잡고 있다. 역사상 그 어느 때보다도 이런 생각이 잘못되었다는 확실한 증거가 있는 오늘날에도 그 사실은 여전히 우리의 생각을 붙들고 있다. 인류가 겪어온 너무나도 많은 착오와 고통의 중심에는 이러한 비판적이고 비극적인 인식의 오류가 있다.

### 어제의 전쟁, 오늘의 테러

부족이라는 전제에서 출발했을 때 머지않아 어떤 결론에 도달하는지를 어렵지 않게 파악할 수 있다. 공급이 제한적이라면 공급이 떨어졌을 때 사람들은 어떻게 할까? 옆집에 가서 이웃을 죽이고 그것을 빼앗아 온다. 이것이 전쟁의 역사다. 온갖 종류의 수사와 정당화, 복잡함으로 가리고 있지만 결국 핵심은 이것이다.

20세기는 인류가 제한적이고 유한하며, 부족하고 고정된 부(富)를 분배할 때 어떤 체제가 옳은가를 두고 싸운 세기이다. 그 동안 있었던 모든 전쟁의 진정한 본질은 이것이다. 현재 벌어지고 있는 모든 전쟁 역시 마찬가지다.

또한 우리는 20세기에 분명하고도 생생한 교훈을 배웠다(적어도, 어느 정도까지는 배웠다. 이것을 실천하는 방법에 대해 완전히 배웠는지 여부는 또 다른 문제다). 바로 전쟁에 대한 입증된 해결책은 '자유 교역'이라는 교훈이다.

> 전쟁에 대한 입증된 해결책은 자유 교역이다.

우리가 보아왔던 것처럼, 서구 사회의 거대한 경제 강국들은 상대적으로 규제가 없는 자유 교역을 실행함으로써 부(富)와 경제적 권력을 얻는다. 이 자유 교역은 미국이 개척했고, 현재 전 세계 인구의 4분의 1이 실행하고 있다.

막대하게 증가하는 부(富)와 함께 모두가 경제적으로 서로 독립적이라는 사실 또한 굉장한 부가 혜택을 제공해 왔다. 자유 교역을 실행하는 나라들은 서로 전쟁을 하지 않는다.

제2차 세계대전 종결 후 수십 년 동안 독일과 일본은 미국과 활발하게 무역을 하는 나라로 탈바꿈했고, 금세 주요 경제 강대국의 자리에 올랐다. 이는 세계 경제에 크게 기여했을 뿐 아니라 세계 안정화에도 적지 않게 이바지했다. 이제 양 국가는 서로에게 무역 대상국으로서 확고하게 자리를 잡았기 때문에 미국은 결코 독일이나 일본과 다시 전쟁을 하지 않을 것이다.

세계의 다른 어느 나라들보다 캐나다와 미국은 오래 전에 서로 전쟁을 하고도 남았을 국가들이다. 두 국가는 천적이 될 전형적인 특징을 모두 가지고 있다. 상당히 긴 국경을 서로 공유하고 있다. 캐나다는 영국의 식민지였는데 미국은 독립을 위해 영국과 전쟁을 벌인 역사를 가지고 있다. 그렇다면 미국이 캐나다와 전쟁을 하지 않는 이유는 무엇일까? 처음부터 두 나라는 경제적으로 매우 밀접하게 얽혀 있기 때문에 전쟁을 일으키는 것이 불가능했던 것이다. 두 나라의 국민들은 늘 가깝게 지낸다. 만약 내가 '사악한 캐나다인'에 대한 이야기를 한다고 해도 독자들은 믿지 않을 것이다.

전쟁은 서로에 대한 사람들의 두려움과 무지에서 그 원동력을 얻는다. 다른 사람들과 교역을 할 때 우리는 매우 허물기 어려운 단단한 유대관계를 맺게 된다. 정부는 전쟁을 일으키지만 국민들은 경제를 공유함으로써 평화를 유지한다.

전 세계적인 테러는 어떠한가? 미국에서는 새로운 문제처럼 느껴지지만 사실 새로울 것은 하나도 없다. 세계는 항상 테러에 시달려 왔다. 테러는 다양한 모습과 이름, 혹은 정치적·종교적 양상을 가지고 있지만 그 핵심은 늘 동일하다. 그것은 바로, 변화에 저항하고 기존의 체제를 지키려는 욕망이다.

오늘날 테러리스트들이 궁극적으로 원하는 것은 무엇인가? 그들은 세상의 변화를 막고 싶어 한다. 그들은 그들의 기존의 삶을 지배하는 질서에 맞서는 언론과 종교의 자유, 민주주의와 같은 근대 사상을 원하지 않는다. 그들은 자신의 아이들이 미국 영화를 보거나 근대의 다원적인 사고와 마주치게 되는 것을 원하지 않는다.

갈릴레오 시대의 교회가 행성들이 지구를 중심으로 돌지 않는다고 주장하는 사람을 억압할 필요가 있다고 느꼈던 것처럼, 오늘날 국제적인 테러리스트들은 자신들의 아이들에게 그들이 원하는 방식과 다르게 세상을 바라보라고 위협하는 사람이나 문명을 없애고 싶어 한다.

그렇다면 해결책은 무엇인가? 아브라함에게 그 답이 있다. 사업가 정신, 혁신, 그리고 자유 교역이 해결책이다.

사실, 미국이 세계의 다른 나라들로부터 존경 받지 못하게 된 이유들 중 하나는 1990년대에 경제가 국내로 후퇴했기 때문이다. 국내에 집중하고 무역과 대출, 다른 나라들과의 경제적 교류를 축소시켰기 때문이다. 아프가니스탄 같은 나라들에 대한 인지도를 떨어뜨리고 빈곤층을 위한 도로와 다리 건설을 멈추었다. 앞으로 미국은 다시 사교성을 발휘해 다른 나라들과의 경제적 통로를 재개해야 한다.

자유 교역은 부富의 증가를 일으키는 엔진이다. 그리고 전쟁의 상처에 바르는 연고이기도 하고, 전쟁을 일으키고자 하는 충동을 지속적으로 약화시키는, 사람들을 묶어주는 연대의 원천이다.

> **자유 교역은 부富의 증가를 일으키는 엔진이다.**

문제는 우리가 습관적인 사고를 뛰어넘는 안목을 가지고 대상을 있는 그대로 보아야 한다는 것이다. 하늘을 보라. 모든 행성들이 지구를 중심으로 돈다는 것이 명확하지 않은가? 자신을 바라보라. 나이가 들어갈수록 자연스럽게 건강에 문제가 생기기 시작한다는 것이 명확하지 않은가? 주변을 둘러보라. 연료, 땅, 물과 공기가 고갈되어가고 있다는 것이 명확하지 않은가?

물론 그렇다. 그러나 그 무엇도 사실이 아니다. 지구를 포함한 행성들은 태양을 중심으로 돈다. 자신의 건강을 잘 보살피고 그렇게 할 수 있는 자원을 가지고 있다면 나이 들어감에 따라 더 건강해지지 않을 이유가 없다. 그리고 아무것도 고갈되지 않았다. 그런 적도 없고 앞으로도 그렇지 않을 것이다. 명확해 보이는 너무나 많은 것들이 분명히 사실이 아니다.

우리 과학은 수백 년 전에 그와 같은 첫 번째 현실, 천문학의 발목을 잡았다. 그리고 지난 10~20년 동안 두 번째 현실인 건강과 웰니스의 발목을 붙잡아 왔다. 이제 세 번째 현실이 발목을 붙잡고 있는가? 이 책은 그 문제를 다루고 있다.

# 4장
# 풍부의 경제학

    40여 년 전 처음 경제학을 연구하기 시작했을 때 나는 이것이 매우 화를 돋우는 학문이라는 것을 깨달았다. 나는 하나님이 정해진 공급량과 제한적인 땅, 광물, 연료 및 다른 자원들로 이루어진 세계, 누가 가장 많이 가졌는지 결정하기 위해 필연적으로 서로 싸워야 하는 세계를 창조했다고는 믿을 수 없었다. 경제학을 '암울한 과학'이라 일컫는 것도 당연하다. 나는 그러한 내용을 받아들일 수 없었다.

    내가 대학에 다니던 1973년, 우리는 엄청난 휘발유 파동을 겪었다. 아랍 산유국들의 석유 금수禁輸 조치는 급격하게 석유 공급을 제한하거나 가격을 높임으로써 서구 경제를 붕괴시킬 위험에 빠뜨렸다. 갑자기 석유가 사라졌다. 잠깐 동안 미국 전역에서 주유소에 길게 줄을 서야 하는 휘발유 배

급제를 실시했다. 사람들은 격앙했고, 폭력 사태가 터지기 직전이었으며, 온 나라가 숨을 죽인 채 걱정하며 기다렸다. 나는 이런 상황을 모두 내 눈으로 보았다. 내가 목격한 것들은 나의 마음을 사로잡았다.

당시 미국 차들은 평균 1갤런[gallon, gal]으로 9마일을 달렸다. 10년 사이에 우리는 자동차 기술을 발전시켜 기계 작동 방식의 카뷰레터(300달러짜리)를 컴퓨터 전자식 연료 분사기(25달러짜리)로 대체했고, 그 결과 1[gal]당 22마일을 달릴 수 있게 되었다. 이와 같은 기술의 변화는 연비를 두 배 이상 향상시켰고, 오염물질 배출은 절반 이상 감소시켰다. 그 결과 석유 공급량은 두 배로 증가했다. 전통적인 경제학으로는 설명할 수 없는 무언가가 벌어지고 있음이 너무나 분명했다. 새로운 경제학 이론의 필요성이 분명해 보였다.

나는 우리가 필연적으로 분쟁과 전쟁으로 이어지는 자원 부족의 세계에 살고 있다는 전통적인 경제적 관점을 하나님을 믿는 사람으로서 받아들일 수 없었다. 그리고 실제로 내 주위에서 다른 이야기를 하는 증거를 볼 수 있다.

어디에서든 어떻게든 부富를 창출하게 하는 시스템을 찾았음을 볼 수 있다. 우리는 다른 누군가의 부富를 빼앗고 싶지 않다. 이전에는 존재하지 않았던 새로운 부富를 창조하기를 원한다. 이것은 어마어마한 패러다임의 전환이며, 우리는 이것을 포용해야 한다. 왜냐하면 이것이 모든 것을 변화시키기 때문이다.

나는 자유 교역과 개인 소유가 경쟁을 파괴적인 힘에서 모두의 선善에 이바지하는 힘으로 변화시키는 세력을 만들어내는 것을 볼 수 있었다. 이것이 바로 공정하고 자비로운 하나님의 역사다. 이것이 내가 받아들일 수 있는 경제 이론이다.

> 자유 교역과 개인 소유가 경쟁을 파괴적인 힘에서
> 모두의 선에 이바지하는 힘으로 변화시키는 세력을 만들어낸다.

나는 어느 곳에 사는 사람들이든 그들의 경제가 작동하는 방식을 설명할 수 있는 경제학 이론과, 그리고 더욱 중요하게는 오늘날 부富를 축적하고 개인의 삶과 일 사이의 균형을 찾기 위해 개인이 할 수 있는 일을 찾기 위해 평생을 연구해 왔다. 그 이론은 '경제 연금술'이다.

### 경제 연금술

사람들은 흔히 연금술사를 금을 만들기 위해 화학 물질을 만지작거리면서 헛된 노력을 하는 사기꾼으로 생각하지만 실제로 연금술사는 이러한 대중적인 신화와는 거리가 멀었다.

1세기에서 10세기까지의 초기 기독교도였던 연금술사들은 하나님이 운용하는 경제의 궁극적인 은혜를 믿는 신앙심이 깊은 사람들이었다. 대표적으로 이들은 기도, 주문, 순수한 마음을 잘 결합하여 자연환경의 구성물들을 정확하게 배합하면 상당히 가치 있는 무언가를 만들어낼 수 있다고 믿었다. 그들이 추구했던 것이 금이었을까? 물론 그렇지 않다. 그들이 추구했던 것은 모두를 위한 평화와 번영이었다. 그 당시에 부(富)를 차지하기 위해서는 군대를 이끌고 이웃을 찾아가 죽이고 빼앗는 것만이 유일한 대안이었다.

부(富)를 창조하기 위한 연금술사의 공식은 10%의 과학 공식과 90%의 기도로 이루어졌다. 그들은 진실하고 공정하신 하나님께서 부(富)를 창조할 능력을 주실 것이라고 믿었기 때문이다. 연금술사에게서 특히 흥미로운 것은 그들이 성공했다는 사실이다.

그들이 실제로 금을 만들어낸 적은 없다. 그러나 그들의 탐구와 혁신은 근대 금속공학, 화학, 공학, 물리학, 약학, 의학의 기초를 놓았다. 이러한 학문들은 무한한 자원을 만들어냄으로써 우리에게 무한한 부(富)를 창출할 수 있는 능력을 제공해 주었다. 오늘날 근대과학은 정확하게 연금술사들이 추구하던 것을 우리에게 제공해 주었다. 그것은 바로 모두를 위한 무제한의 부(富)와 번영을 창출할 능력과 기회다.

전통적인 경제학 이론은 '부족'이라는 개념을 기반으로 한다. 나의 새로운 경제학 이론은 풍부를 바탕으로 한다. 나는 이것을 우리에게 무한한 부(富)를 창조할 수 있는 능력이 있다는 사실을 믿는 최초의 사람들이었던 고대 연금술사들에게 존중과 경의를 표하는 뜻에서 '경제 연금술'이라고 부른다.

이번 장에서 나는 경제 연금술의 여섯 가지 법칙을 설명하고자 한다. 법칙들을 하나씩 살펴보면서 당신은 이 질문을 마음속으로 계속 던져보길 바란다. 내 삶에서 이 법칙이 작용하는 것을 어떻게 볼 수 있을까?

## 경제 연금술의 여섯 가지 법칙

● 첫 번째 법칙 : 우리의 정신이 무한하기 때문에 자원은 무한하다.

경제 연금술의 첫 번째 법칙은 '모든 자원은 인간의 정신이 만들어낸 것이기 때문에 자원은 고갈되지 않는다는 것'이다.

사람들은 인류가 물을 바닥낼 것이고, 땅을 다 써버릴 것이고, 석유를 고갈시킬 것이고, 무언가를 고갈시킬 것이라고 말한다. 하지만 우리는 그랬던 적도 없고, 앞으로도 그러지 않을 것이다. 고갈될 자원은 없다! 왜? 우리가 '자원'이라고 부르는 모든 것은 그야말로 정신이 만들고 규정한 창조물이기 때문이다. 자원을 고갈시키기 전에 우리는 항상 새로운 자원을 규정할 것이다. 우리의 정신이 무한하기 때문에 자원은 무한하다.

5,000년 전, 석유는 물을 오염시키는 끔찍한 검은 물질이었다. 석유는 위험한 물질이었다. 미끄러져서 석유 구덩이에 빠지면 죽을 수밖에 없었다. 오늘날 우리는 석유는 값비싼 자원이라고 생각한다. 사실 많은 사람들이 곧 석유가 바닥날 것이라며 우리의 운명에 대해 한탄하고, 근대 경제의 죽음을 예고하고 있다. 그러나 역사를 돌아보면 이야기는 달라진다.

지금은 석유를 가장 귀한 자원으로 여기지만 수백 년 동안 가장 귀한 자원은 석탄과 고래 기름이었다. 1850년까지 거대한 고래잡이 어선을 사용해서 고래들을 항구로 끌고 가는 대신 매우 효율적으로 바다 한가운데에서 고래를 잡아들였다. 대서양에서 연간 1만 마리의 고래를 잡아들일 정도로 효율성이 증가했고, 고래는 거의 멸종 위기에 처했다.

1859년 당시 영국의 위대한 경제학자인 윌리엄 제본스 William Jevons는 석탄의 고갈로 대영제국이 1900년쯤 몰락할 것이라고 예측한 『석탄의 문제 The Coal Question』라는 소책자를 써서 영국 여왕으로부터 기사 작위를 수여받았다. 물론 제본스의 예측은 옳았다. 영국은 석탄을 바닥냈다. 하지만 그것은 중요하지 않았다. 석탄이 바닥났을 때 쯤 석유로 갈아탔기 때문이다. 제본의 심각한 예측을 담은 책이 출간되던 바로 그 해, 은퇴한 철도 감독인 에드윈 드레이크 Edwin Drake는 펜실베이니아에서 최초의 유정油井을 시추했다.

그로부터 1세기가 약간 더 지났을 때 '로마클럽 The Club of Rome'이라는 단체에서 제본스 경卿의 소책자를 기이하게 연상시키는 책을 한 권 발간했다. 1971년 발간된 『성장의 한계 Limits to Growth』라는 이 책은 20년 안에 석유가 바닥날 것이며, 근대적인 삶의 방식은 종말을 맞이할 것이라고 예측했다. 사람들은 90년 안에 석유가 고갈될 것이라고도 이야기했다. 그러나 이것은 현실을 반영하지 못하는 해묵은 주제에 불과했다. 자원은 '고갈'되지 않는다. 고갈 될 '자원'이라는 것은 없다. 우리는 끊임없이 새로운 자원을 규정하고 만들어내기 때문이다.

석유가 20년 안에 바닥날 것인지, 아니면 90년 안에 바닥날 것인지는 중요하지 않다. 우리는 지금 공기를 오염시키는 탄소 기반 연료들을 수소로 대체하는 시대에 접어들었다. 이 무한한 연료원을 활용할 수 있는 기술을 인류가 갖게 되었다는 것이다.

많은 사람들이 이런 예측에 대해서는 회의적일 수밖에 없다는 것을 안다. 회의적이지 않은 입장을 갖기가 더 힘들 것이다. 그것이 바로 '혁신'의 정의다. 제본스가 작위를 수여 받았을 당시 아무도 석유를 기반으로 한 경제를 믿지 않았다. 아무도 25달러짜리 컴퓨터 전자식 연료 분사기가 300달러짜리 기계 작동 방식의 카뷰레터를 대체해 효율성을 배가시킴으로써 석유 공급량을 배가시킬 것이라고 기대하지 않았다. 사람들은 아브라함을 비웃었다.

자원을 둘러싸고 벌어지는 싸움 중에 땅에 대한 경쟁이 가장 치열하다. 그러나 수렵·채집을 하던 우리의 조상들에게, 혹은 유럽인들보다 북미에 먼저 살고 있던 아메리카 인디언들에게 땅은 자원이 아니었다. 그들에게 자원은 수렵물과 채집물이었다. 땅은 그저 그들이 사냥할 동물이나 채집할 식물을 찾아 떠나는 곳이었다. 수렵물과 채집물이 없을 때는 새로운 땅으로 이동했다. 산업화 이전 시대 사람들이 석유를 자원으로 쓰기 위해 정제하는 방법을 몰랐던 것처럼 수렵·채집인들은 씨를 뿌리고 가축을 키움으로써 - 아브라함을 다른 사람들과 구분 지었던 행위 - 땅을 '정제하는' 방법을 몰랐다.

역사를 돌이켜보면 우리는 항상 하나의 자원이 고갈되어갈 때쯤 새로운 자원을 발견해 왔다. 그리고 그것은 우연이 아니다. 우리가 새로운 자원을 발견하는 이유이다. 고갈된다고 생각하는 모든 자원들은 실제로는 인간의 정신이 만들어낸 발명품이다. 그리고 인간의 정신에 한계는 없다.

● 두 번째 법칙 : 어떤 자원이든 기술이 공급을 결정한다.

"좋았어, 우리가 자원을 발명한다는 사실은 인정할 수 있어. 하지만 나는 지금 우리가 알고 있는 자원을 활용해 사업체를 운영하고, 가족을 먹여 살려야 해. 지금의 현실 세계에서 즉각 나의 부富를 증가시킬 수 있는 방법이 뭐지?"

좋다. 여기서 두 번째 법칙이 등장한다. 그 두 번째 법칙은 어떤 순간에든, 어떤 자원이든 그 공급은 우리가 발견하고, 얻어내고, 활용하는 기술에 달려 있다는 것이다. 우리는 이미 1970년대와 1980년대 초반에 휘발유 공급을 두 배 이상 증가시켰던 새로운 전자식 연료 분사기 기술에서 그 예를 볼 수 있었다. 그 내용을 좀 더 자세히 들여다보자.

연료 분사기가 효율성을 증가시키는 방법으로 실질적인 연료 공급을 배가시킨 것은 사실이지만 그것이 연료 펌프의 배관이 사라지게 된 요인은 아니었다. 더 이상 가스 배관을 설치하지 않게 된 이유는 캐나다를 통해 알래스카로 이어지는 파이프라인을 건설해 새로운 석유 공급을 가능하게 했기 때문이었다. 그 전에는 기술적으로 불가능하다고 여겨졌던 일이다.

게다가 1970년대에 사람들은 '석유'를 '땅 속 1마일, 혹은 그보다 덜 깊은 곳에 묻혀 있는 것'으로 정의했다. 1980년대에 이르자 기술이 더욱 발전해 이제 그 정의는 '땅 속 8마일, 혹은 그보다 덜 깊은 곳에 묻혀 있는 것'으로 바뀌었다. 그리고 해양 굴착 기술을 개량하면서 다시 한 번 그 정의는 확장되었다. 여기서 물리적인 세계 자체의 변화는 전혀 없다는 사실을 기억해야 한다. 계속해서 변화하는 것은 더 많은 자원을 우리에게 허락하는 기술이다.

죽어가는 수달, 엑손 발데스 Exxon Valdez 기름유출 사건, 알래스카 송유관 및 해양 굴착과 관련한 환경 문제들이 머릿속에 떠오른다면 다른 면을 생각해 보라. 기술이 점점 더 효율적으로 발전할수록 점점 더 친환경적으로 변하고 있다. 석탄은 석유보다 훨씬 더 더러운 자원이면서 채취를 위해서는 인간의 끔찍한 노동이 필요하다. 석유를 대체할 연료는 훨씬 더 깨끗하며, 환경 친화적일 것이다. 그것이 인간 정신의 본성이다.

**부富의 공식**

만약 당신이 기존에 가지고 있는 자원 - 석유, 땅, 물, 광물 - 보다 더 많이 필요할 때 경제학자는 현재 얼마나 가지고 있으며, 어떤 속도로 소비하고 있는지 헤아려 보라고 말할 것이다. 만약 충분하지 않다면(전통적인 경제학자의 눈에는 충분할 수가 없다) 답은 한 가지다. 이웃에게 가서 교역이나 설득, 혹은 무력을 통해 가져오는 것이다.

경제 연금술의 첫 번째, 두 번째 법칙은 이와 같은 답을 완전히 거꾸로 생각하게 만든다. 부富를 결정하는 것은 순수한 물리적 '자원' 그 자체가 아니라 인간 정신의 혁신과 창의성이다. 미美가 그렇듯이 부富는 말 그대로 보는 사람의 마음속에 존재한다. 이런 내용을 설명하는 등식이 있다.

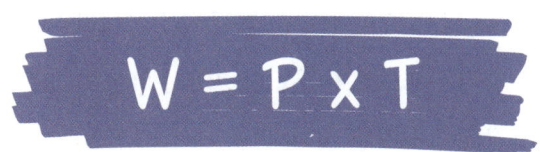

$$W = P \times T$$

4장 풍부의 경제학

부富(W, Wealth)는 활용 가능한 물리적 자원들(P, Physical resources) 곱하기 활용 가능한 기술(T, Technology)이다.

이 등식은 내 연구의 핵심으로, 이것을 이해하는 것은 중요하다. 수학과는 아무 상관이 없으니 걱정할 필요는 없다. 이것은 순전히 상식일 뿐이다. 국가의 부富든, 개인의 부富든, 부富의 크기는 활용 가능한 물리적 자원에 의해 결정되며, 발견하고 얻어내고 보다 효율적이고 생산적으로 활용할 수 있는 기술이 얼마나 많은지에 따라 확대된다.

앞에서 살펴본 예에서 P는 현재 사용되는 석유의 물리적 양을 가리킨다. 여기서 놀라운 것은 그 양이 일정하게 유지되고 있다는 사실이다. 더 많은 석유를 생산했던 적은 한 번도 없다. 연료분사기, 더 깊이 굴착하는 방법, 해양 굴착과 알래스카 송유관을 만들어냈을 뿐이다. 이 모든 것은 T 즉, 기술의 변화였다. 그리고 가 승수로서 정수인 P가 더 많은 W 즉, 부富를 만들어내는 역할을 한 것이다. 이 등식을 땅에 적용해 보자.

1900년대 초반까지 미국은 국경을 더 넓히면서 한 국가로 성장했다. 1912년 애리조나 주州가 북미대륙에서의 미국의 마지막 주가 되었다. 대공황을 극복한 뒤 미국의 부富는 그 어느 때보다 더 급속하고 광대하게 증가했다. 하지만 역사상 대부분의 경제가 성장하는 시기의 국가들과 달리 더 많은 국토를 추가하거나 점령하거나 요구하지 않았다. 어떻게 이것이 가능했을까? 미국은 더 많은 땅의 점령을 통해서가 아니라 기존의 땅을 활용하는 효율성을 증가시킴으로써 부富를 증대시켜 왔다. P는 그대로 유지하면서 T를 크게 증가시켰던 것이다.

1930년, 미국 인구 1억 명 중 3천만 명이 농부였고, 그 3천만 명이 1억 명을 먹이느라 열심히 일했다. 1930년에서 50년이 지난 1980년, 농업 인구는 3천만 명에서 3백만 명, 즉, 10분의 1로 줄어들었다. 반면 전체 인구는 세 배로 늘어 거의 3억 명에 육박하게 되었다. 상상해 보라. 10분의 1로 줄어든 농부들이 3배로 증가한 인구를 먹여 살리고 있다. 활용 가능한 땅은 전혀 증가하지 않았다. 전통적인 경제학자는 이렇게 말할 것이다. "대량 기아飢餓를 낳는 정말 끔찍한 일이 아닌가?" 그러나 1980년의 미국의 현실을 보라. 3백만 명의 농부가 3억 명을 먹였으며, 이에 그치지 않고 50%의 잉여 식량을 전 세계에 팔기까지 했다. 미국은 '세계의 곡창지대'로 알려져 있다.

무엇이 변했는가? 기술이다. 50년 동안 농부 일인당 생산성을 4,500%, 토지 1 에이커 [acre, ac]당 생산성을 1,000%나 향상시켰다. 그리하여 그 수가 10분의 1로 줄어든 농부가 3배나 증가한 인구를 먹여 살릴 수 있었고, 그러고도 남는 엄청난 잉여 식량을 생산할 수 있었다.

할아버지의 조언을 기억하는가? "땅이 최고의 투자다. 땅은 더 이상 만들어낼 수 없다"는 조언은 사실이 아닌 것으로 밝혀졌다. 1 [ac]당 생산량을 10배로 증가시킴으로써 미국은 100배나 되는 토지를 '만들어냈다.'

## 두 나라 이야기

어렸을 때 나는 아버지가 러시아에서 이주해 왔다고 들었고, 소련이 어떤 나라인지 지도를 찾아보곤 했다. 지도의 이쪽 끝에서 저쪽 끝까지 뻗은 광대한 나라였다. 사람들은 이렇게 말했다. "소련은 강국이다. 세계의 대부분의 땅과 가장 맑은 담수와 대부분의 석유를 차지한 나라이기 때문이다."

소련은 물리적 자원 즉, P 를 확보하고 있었다. 구시대적 사고에 따르면 소련은 세계에서 가장 부유한 나라가 되었어야 하고, 가장 강한 나라가 되었어야 한다. 그런데 어떻게 되었는가? 내가 자라서 제2차 세계대전이 끝났을 때 굉장히 가난한 작은 섬나라가 있었다. 그 나라는 땅도 없고, 담수 자원도 없고, 석유는 한 방울도 나지 않는 나라였다. 어떻게 되었는가? 일본은 전 세계에서 일인당 부$_{富}$가 가장 높은 나라가 되었고, 소련은 결국 붕괴하여 지구상에 존재하지 않는 나라가 되었다.

참으로 놀라운 일이다. 거의 무$_{無}$에 가까운 자원을 가진 나라가 경제 강국이 되었고, 대부분의 자원을 가진 나라는 와해되었다. 왜일까? 부$_{富}$는 더 이상 자원이 아니라 기술의 문제이기 때문이다. W 는 P 곱하기 T 이다. 이제 중요한 것은 T 이다.

일본은 기술로 세계를 압도했고, 소련은 광대한 자원에도 불구하고 기술을 확보하지 못해 다른 나라들을 정복하지 못했다. 다른 공화국을 정복하고 자기 제국의 식민지로 요구했는지의 여부는 중요하지 않다. 다른 나라의 땅을 점령하고 석유를 차지할 수는 있지만 기술을 활용할 수 있는 사람들의 정신적 능력을 정복할 수는 없다.

오늘날 미래의 부국$_{富國}$으로 떠오르는 나라는 중국인 것처럼 보인다. 이것이 그들의 광대한 국토와 엄청난 인구 때문일까? 물론 아니다. 중국은 수백 년 동안 광대한 국토와 엄청난 인구를 가지고 있었다. 바뀐 것은 중국이 최근 들어 자유기업체제(아브라함의 비밀)의 뒤에 놓여 있는 원칙들을 적용하기 시작했으며, 기술을 증가시키는 방법을 발견했다는 사실이다. 중국은 자원이 아닌 기술로 인해 신흥 강국으로 떠오르고 있다.

●세 번째 법칙 : 기술의 발전은 정보 교환에 의해 결정된다.

등식의 결정적인 요소가 T라는 것을 이해했다면, 그리고 부를 증가시키는 핵심이 더 많은 기술을 획득하는 것임을 파악했다면, 다음 문제는 '어떻게 더 많은 기술을 획득할 수 있는가?'이다.

더 많은 물리적 자원을 획득하기 위해서는 군대를 이끌고 이웃 나라를 침략해 그들을 죽이고, 영토와 석유, 금을 빼앗으면 된다. 그러나 우리는 이제 그런 것을 원하지 않는다. 그런 방법은 소련과 같은 결말을 낳을 것이기 때문이다. 우리는 더 많은 기술을 원한다. 그렇다면 어떻게 얻을 것인가? 기술의 발전을 지배하는 것은 무엇인가? 여기서 경제 연금술의 세 번째 법칙이 등장한다.

기술의 발전은 정보 교환의 속도에 의해 결정된다. 정보를 빨리 주고받을수록 더 빨리 기술을 발전시킬 수 있다. 이것은 자유 교역이 갖는 힘의 비결 중 하나이다. 자유 교역이 가능한 체제는 정보 교환을 촉진시키게 마련이고, 정보 교환을 촉진하면 자유 교역이 활발해지게 마련이다.

천 년 전, 문자 언어는 문명을 만들어냈다. 단순히 '기록한' 것이 아니라

'만들어낸' 것이다. 문자언어가 생기기 전 구전口傳이 있었는데, 이것은 정확하지 않고, 제한적인 양의 기술 정보만을 전승할 수 있었다. 글쓰기는 정보 교환의 속도를 어마어마하게 가속화하고, 또한 증폭시켰다.

문자 언어가 생김으로써 나는 새로운 농업기술을 배워서 기록한 뒤 전달할 수 있게 되었다. 이웃에게뿐 아니라 아직 태어나지 않은 누군가에게도 전승할 수 있게 되었다. 나의 아이들의, 아이들의, 아이들에게도 전할 수 있게 된 것이다. 문자 언어는 사업적인 자유 교역 문명의 혁신과 발명을 촉진시켰고, 전 세계에 전파하게 되었다.

인쇄기는 산업혁명을 만들어냈다. 여기서도 역시 단순히 '기록한' 것이 아니라 '만들어낸' 것이다. 인쇄기의 발명으로 나는 영국에서 새로운 직기를 만드는 방법을 배운 뒤 그대로 묘사해서 기록한 다음 미국으로 운송해서 복제할 수 있다. 코페르니쿠스라는 폴란드의 과학자가 80년 전에 기록한 내용을 바탕으로 갈릴레오라는 이탈리아 과학자가 자신의 이론을 정립할 수 있게 한 것이 인쇄기이다. 문자 언어는 정보 교환을 가속화시켰다.

문자와 인쇄가 가져온 것과 동일한 파급력을 지닌 것이 오늘날의 컴퓨터이다. 컴퓨터는 1945년, 그러니까 지금으로부터 겨우 70여 년 전에 만들어졌다. 컴퓨터를 우리 개인의 생활 속에서 활용하기 시작한 것은 1980년 즈음이었고, 그때까지도 정보를 공유하는 기계는 아니었다. 1980년대에 컴퓨터는 스프레드시트와 워드 프로세서를 위한 기계에 불과했다. 1990년대에 들어 컴퓨터는 갑자기 정보를 공유하는 새로운 방법으로 세계를 강타했다. 오늘날 컴퓨터와 인터넷은 아찔한 속도로 정보 교환을 가속화시키고 있으며, 앞으로도 지난 1만년을 능가하는 속도로 문명과 기술, 그리고 인류의 부富를 향상시킬 것이다.

● 네 번째 법칙 : 기술이 욕구를 결정한다.

예전에 사업의 제1법칙은 욕구를 찾아 그것을 채우는 것이었다. 오늘날 급속히 변화하는 경제 속에서 진실은 정반대이다. 부富를 창출하고 싶다면 만들 무언가를 찾아서 수요를 만들어내야 한다. 새로운 법칙은 '욕구를 상상하라, 그리고 그것을 만들어라'이다. 경제 연금술의 네 번째 법칙에 따르면 기술은 단순히 욕구를 충족시키도록 돕기만 하는 게 아니라 실제로 '욕구' 그 자체를 결정한다.

대공황의 절정이었던 1935년, 뛰어난 경제학자였던 존 케인스 John Keynes는 루스벨트 Franklin Roosevelt 대통령에게 다음과 같이 편지를 썼다. "저는 모든 미국인들이 4개의 침실이 있는 집과 자동차와 실내 화장실을 갖는 날이 올 것이라고 생각합니다." 물론 이것은 수백만의 사람들이 거리에서 굶주리던 당시의 암울한 경제 상황에서 상상하기에는 매우 기이한 일이었다. 그것은 또한 루스벨트 대통령에게는 굉장한 소식이었다. 케인스는 여기서 그치지 않았다. 그는 다음과 같이 계속 편지를 이어나갔다. "그리고 저는 미국의 경제가 붕괴하는 날 또한 올 것이라고 생각합니다. 모든 미국인들이 4개의 침실이 있는 집과 자동차와 실내 화장실을 갖게 되면 그들이 원했던 모든 것을 가졌으므로 더 이상 일을 하지 않을 것이기 때문입니다."

지금의 미국인들은 웃을 것이다. 왜냐하면 "화장실 하나? 누가 화장실 하나인 집에 만족한다는 말이지?"라고 생각하기 때문이다. 대부분의 사람들이 실외 화장실을 사용했던 1930년대에 실내 화장실은 매우 근사하게 들렸다. 하지만 케인스가 편지를 쓰고 50년이 지난 후, 모든 아이들을 키우는 미국의 부모들은 집에 화장실이 적어도 두 개는 있어야 한다고 생각하게 되었다. 그리고 자동차 두 대, 그리고 텔레비전 두 대, 그리고….

구시대의 경제학에는 음식, 주거지, 요리와 난방을 할 연료에 대한 욕구를 가졌다. 이러한 기본적인 욕구 때문에 수요가 정해져 있었고, '한정된 자원' 때문에 공급이 정해져 있었다. 수요와 공급은 가격을 결정했다. 이것은 오늘날의 현실에는 전혀 적용되지 않는다.

오늘날 기술은 모두의 삶의 방식을 완전히 바꾸어 놓는 무언가를 만들어낸다. 그리고 이전에는 존재하지 않았던 수요를 창출한다. 오늘날 새로운 제품에 대한 '수요'는 기술이 그 제품을 만들어내기 전까지는 존재하지 않는다.

헨리 포드 Henry Ford가 보통 사람들이 살 수 있는 자동차를 만들겠다고 했을 때 사람들은 그를 비웃었다. 무엇 때문에 보통 사람들이 자동차를 필요로 하겠는가? 도로도 없고, 주유소도 없고, 게다가 모두가 자신들이 일하는 공장이나 농장 가까운 데 살았고, 일주일에 6~7일 동안 일을 했다. 자동차는 부자와 여유 있는 사람들에게나 어울리는 것이었다.

자동차가 어떻게 우리 삶을 바꾸었는지 들여다보자. 기술이 수요를 창출하고, 우리 생활방식의 모든 것을 바꿔놓았다. 30년도 안 되는 시간 동안 미국은 많은 도로를 건설했고, 자동차는 우리의 문명과 경제의 모든 것을 변형시켰다. 그리고 물론 모두가 자동차를 필요로 했다.

데이비드 사노프 David Sarnoff는 같은 방식으로 텔레비전을 만들었다. 텔레비전에 대한 '수요'라는 것은 없었다. 발명이 수요를 창출한 것이다. 컴퓨터, 휴대폰, PDA, 티보(TiVo - 티보라는 회사에서 판매하는 디지털 비디오 녹화기)도 마찬가지이다. 오늘날 우리가 돈을 쓰는 제품들의 95%는 몇 세대 전에는 존재하지도 않았다.

우리가 만들어내기 전까지는 '자원'이라는 것은 없듯이 우리의 기술이 만들어내기 전까지는 '수요'라는 것은 없다. 기술이 욕구와 수요를 결정한다.

- **다섯 번째 법칙 : 수요에는 제한이 없기 때문에 우리 경제에 한계는 없다.**

경제 연금술의 다섯 번째 법칙에 따르면 수요에는 제한이 없다. 수요는 항상 올라간다.

케인스가 프랭클린 루스벨트 대통령에게 썼던 편지에서 지적했듯이, 고전파 경제학자는 현재의 수요가 다 충족된 다음에는 더 이상 산업이 발전하지 않을 것이라고 말할 것이다. 하지만 이것은 현실과는 상당히 동떨어진 생각이라는 것을 앞에서 충분히 살펴보았다. 우리는 수요를 충족시킬 수 없다. 수요는 기술이 만들어내는 것이라는 정의에 따르면 수요에는 제한이 없기 때문이다.

100여 년 전 자동차에 대한 수요는 영(zero)이었다. 이후의 과정을 우리는 직접 보아 왔다. 1950년대에는 모든 가구마다 자동차를 필요로 했고, 1900년대 말에 이르러서는 거의 대부분의 개인이 자동차를 필요로 했다. 한 대의 자동차를 소유하고 나면 수요가 '충족'되는가? 물론 아니다. 몇 년이 못 되어 새 자동차를 필요로 할 뿐 아니라 수요 또한 증가한다. 그냥 '다른 자동차'가 아니라 '더 좋은 자동차'를 원하게 된다. 더 안전하고, 연비가 좋고, 더 많은 장치를 구비하고, 더 좋은 인테리어를 갖춘 자동차를 원한다. 만약 두 대의 포드 자동차를 소유하고 있다면 다음에는 BMW를 한 대 살 것이다. 그리고 다시 나머지 한 대도 BMW로 바꿀 것이다.

"도대체 왜 이러는 거지? 인간이란 만족을 모르는 건가?"라고 생각하는가? 이것은 '만족'과는 아무 상관이 없다. 이것은 항상 새롭고, 더 나은 것을 향해 새롭고, 더 나은 방식을 고안해 내는 인간의 독창성이 갖는 자연스러운 방향과 관계가 있다. 엄청나게 크고 무거운 흑백텔레비전에 '만족'하는 자신을 상상할 수 있는가? 혹은 300보드 속도의 모뎀에 만족할 수 있는가? 혹은 수동 기어와 손으로 돌려서 여는 창문의 자동차에 만족할 수 있는가?

충분히 많은 양을 획득하고 나면 더 높은 품질에 대한 수요로 전환한다. 그리고 더 높은 품질을 경험한 다음에는 기준이 높아진다. 오래지 않아 모두가 그 높은 수준의 품질을 원하게 되고, 그 결과 대량 생산의 수요가 생겨난다. 이것은 개선, 개량, 그리고 창조성의 끊임없는 순환이다.

일본인들은 이것을 매우 잘 안다. 1960년대 일본은 값싼 상품으로 세계 시장을 휩쓸었다. 30세 미만의 사람들은 이런 얘기가 매우 생소하겠지만

1960년대에 '메이드 인 재팬(Made in Japan)'은 형편없는 물건을 의미했다. 그 당시 일본산은 '정말 정말 싸구려'를 의미했다. 싸구려 전자제품(트랜지스터 라디오)과 싸구려 자동차(토요타와 닷슨)를 뜻했다. 고장나면 새로 하나 구매하면 되는 그런 제품들이었다.

1976년에 VCR이 처음 등장했을 때 소수의 사람들만이 살 수 있었다. 가격이 1천 달러 이상이었기 때문이다. 10년 후 일본은 VCR 시장에 뛰어들었고, VCR 가격은 대당 1천 달러에서 50달러로 떨어졌다. 1986년까지 미국의 가구 수는 1억1천만이었고, VCR 판매 수는 1억3천만대에 이르렀다. 한 가구당 1대 이상을 소유한 것이다!

같은 시기에 일본은 한국과 다른 나라들도 곧 값싼 제품들을 만들 것이라는 사실을 깨닫고 '싸구려'사업에서 빠져 나와 고품질 사업으로 전환했다. 토요타가 렉서스로, 닷슨은 닛산으로 변신했고, 일본은 미국의 전자제품 고가高價 시장을 지배했다. 소비자들이 결국 찾는 것이 무엇인지 파악했던 일본은 고품질의 제품 생산으로 전환했다.

양에 대한 수요와 질에 대한 수요의 리듬은 혁신의 영구운동기관(perpetual motion machine)이다. 남들이 뭐라고 이야기하든, 한 방향으로든 다른 방향으로든 시장은 항상 성장할 여지가 있다.

몇 십 년 전만해도 커피 소매 사업을 할 수 있을 것이라고 누가 꿈이나 꾸었겠는가? 당시 커피 한잔은 25센트였고, 커피는 그냥 커피에 불과했다. 시애틀 출신의 하워드 슐츠 Howard Schultz가 "품질을 조금씩 높여봅시다!"라고 말하기 전에는 커피는 상품으로서의 아무 의미가 없었다. 만약 내가

1970년대에 사람들이 커피 한 잔에 4달러를 지불할 것이라고 이야기했다면 사람들은 나를 비웃었을 것이다. 그러나 슐츠의 회사 스타벅스는 그런 사람들의 마음을 바꾸어 놓았다. 일본처럼 슐츠 또한 품질에 대한 수요의 힘을 알았다.

● 여섯 번째 법칙 : 당신의 즉각적인 경제 가능성은 당신의 기술 격차에 달려 있다.
이 법칙들이 함께 작용해서 전체적으로 탁월한 경제 연금술의 과정을 규정하고 형성하면서 전 세계에서 혁신과 부<sub>富</sub>를 생성하는 방식에 주목하라.
제1법칙과 제2법칙은 기술이 어떻게 자원을 창출하는가에 대해 다루었고, 제4법칙과 제5법칙은 기술이 욕구와 수요를 만들어내는 과정에 대해 설명했다. 제3법칙은 정보의 교환이 기술을 만들어낸다는 것을 살펴보았다. 마지막인 제6법칙은 어떻게 이 모든 법칙들이 결합해서 특정한 경제 가능성을 만들어내는지에 대해 설명한다. 이 법칙을 통해 끊임없이 변화가 속도를 더하는 환경 속에서 어디에서 항상 성장을 이룰 수 있는지 알 수 있다. 어마어마하고도 즉각적인 경제 가능성을 찾기 위해 무엇을 들여다보아야 하는지를 알려준다. 즉, 기술 격차이다.
사람들은 미국 혹은 서유럽과 제3세계 나라들처럼 국가 간의 차이를 설명할 때 '기술 격차'라는 단어를 사용해 왔다. 나는 다른 뜻으로 사용하고 있다. 내가 말하는 기술 격차는 사람들이 현재 사용하고 있는 기술과 활용될 수는 있지만 아직 사용되지 않는 기술 사이의 격차를 의미한다. 오늘날 우리가 사용하는 방식과, 이미 개발되었지만 아직 활용되지는 않는 방식사이의 격차다.

> **기술 격차에서 어마어마한 성장의 가능성을 찾을 수 있다.**

당신은 기술 격차에서 어마어마한 성장의 가능성을 찾을 수 있다. 사업가로서 엄청난 기회를 찾을 수 있는 곳은 기술 격차이다. 다가올 몇 년 동안 여기서 차세대 백만장자의 대다수가 등장할 것이다.

첫 번째에서 다섯 번째 법칙은 부富에 한계가 없다는 사실을 우리에게 알려 주었다. 여섯 번째 법칙은 부富를 어디에서 찾을 수 있는지 알려준다. 이것은 당신의 보물지도이다.

# 5장
# 변화하는 세계

•

오늘날 우리의 사회 및 경제 문제의 압도적인 다수는 우리 사회가 변화를 포용하기보다는 저항하도록 만들어져 있다는 사실에서 기인한다. 인간은 자동적으로 변화에 저항하게 마련이다. 인간의 생물학적인 시스템이 변화하는 환경에서는 불변성의 상태를 만들어내게 되어 있다. 체온, 신경의 나트륨/칼륨 비율, 체중까지 포함하여 '인간'이라는 개인 생태계를 구성하는 모든 시스템이 우리를 둘러싼 상황이 끊임없이 변화함에도 불구하고 변화하지 않는 안정성을 유지하도록 만들어져 있다. 이 때문에 인간은 자연스럽게 변화에 저항하고, 변화를 부정적이고 위협적인 힘으로 간주하는 경향을 갖는다.

동시에 인간은 변화를 즐긴다. 우리는 혁신과 발견에 짜릿함을 느끼고,

새롭고 색다른 것에 열광한다. 낯익은 것에 위안을 느끼는 만큼 새로운 것의 가능성에 강한 호기심을 갖는다. 살아남기 위해서 불변성에 의존하지만 변화는 성장을 의미한다. 성장과 생존, 이것은 인간 존재 자체에 내재하는 역설이다.

그러나 오늘날은 변화에 대한 우리의 근본적인 관계 자체가 변화하고 있다. 그리고 변해야만 한다. 과거에는 하던 대로 유지하는 것이 안전을 보장했다. 오늘날 안전을 보장하는 유일한 방법은 변화를 받아들이는 것이다.

## 연금술의 시대

앞 장에서 배운 부富의 공식 $W=P \times T$ 는 항상 옳다. 다른 모든 유효한 과학 공식처럼 변하지 않는 영원한 법칙이다. 그러나 이것이 현실 세계에서 작용하는 방식은 지난 1세기 동안 급격하게 변했다.

지난 역사의 대부분을 돌아보면 T는 본질적으로 정수定數였다. 물론 기술은 변화해 왔지만 아주 천천히 몇 세대에 걸쳐 변화해 왔다. 그 결과 개인의 일생 동안, 혹은 한 왕의 통치기간 동안은 T의 급격한 변화를 볼 수 있는 가능성은 거의 없었다. 철기 시대에 태어났던 사람은 철기 시대에 죽었다.

이런 이유 때문에 부富를 증가시키고 싶을 때는 - 한 개인으로서든, 왕으로서 혹은 전체 사회로서든 - P 즉, 물리적 자원을 증가시키려고 할 가능성이 가장 높았다. 그것이 전쟁의 역사이고, 세계의 역사이다. 그러나 기술 변화의 가속화 속도 때문에 이와 같은 내용은 더 이상 적용되지 않는다. 지난 100년 동안 기술은 너무나 급속히 발달해 왔다. 이제, 갑작스럽게, 개인의 일생 동안 T의 변화가 가능해졌고, 그야말로 급격하게 변할 수 있게 되었다.

> **이제, 갑작스럽게, 개인의 일생 동안 T의 변화가 가능해졌다.**

1930년대의 3천만 명의 농부 이야기로 돌아가 보면, 농부의 수는 1980년대까지 3백만 명으로 감소했다. 나머지 농업을 그만둔 2천7백만 명은 어떻게 되었을까? 그 농부들과 그들의 아이들은 제조업을 포함한 다른 직종으로 유입되었다. 그들 중 일부에게 무슨 일이 벌어졌는지 한 번 들여다보자.

1970년대 후반, 그들 중 30만 명은 카뷰레터 제조 및 보수 공장에 고용되었다. 앞 장에서 살펴보았듯이 인류는 급속하게 자동차 기술을 발전시켜 왔다. 1980년에 처음으로 전자식 연료 분사기가 등장했다. 1985년 마지막 카뷰레터 공장이 문을 닫았다. 자동차 산업은 이 카뷰레터를 연비는 두 배이며 공해물질 배출은 절반인 연료 분사기로 모두 전환시켰고, 10만 명의 노동자들은 일자리를 잃었다.

같은 해인 1985년 미국 인구 중 10만 명이 당시 음악 녹음의 표준 매체였던 레코드판 제조업에 종사했다. 1990년 미국에 있던 마지막 레코드판 제조공장이 폐업했다. 디지털 CD가 겨우 5년 만에 시장을 점령했다. 오늘날 세대들은 레코드판이 무엇인지, 어떻게 생겼는지도 모른다.

이런 변화는 현재의 변화속도에 비하면 그나마 더딘 편이었다. 미국의 각 가정에 1억3천5백만 개의 VCR이 보급되기까지, 1976년에서 1996년까지 20년이 걸렸다. 2003년과 2004년 사이에 DVD 플레이어의 가격이 50달러 이하로 떨어지면서 VCR은 한물간 신세가 되었고, 또 다른 10만 명이 일자리를 잃었다. 이와 같은 전환에 50년이 걸린 것도 아니고 5년이 걸린 것도 아니고 2년이 채 걸리지 않았다. 50년에 걸쳐 일어나던 변화가 이제 몇 년, 심지어는 몇 달 사이에도 일어난다. 이처럼 변화하는 기술을 다루는 방식이 거의 모든 것을 설명한다.

> 50년에 걸쳐 일어나던 변화가
> 이제 몇 년, 심지어는 몇 달 사이에도 일어난다.

갑자기 사라지는 산업에 일생을 투자했다면 매우 당황스러울 것이다. 그러나 그것이 오늘날의 정확한 현실이며, 앞으로는 더 빠른 속도로 진행될 것이다. 레코드판을 사라지게 한 디지털 CD를 기억하는가? 몇 년 전 MP3라는 신기술이 혜성처럼 나타나 시장을 장악했다. 갑자기 아이들은 CD를 사는 대신 인터넷에서 MP3를 다운로드 받았다. 지금 어떻게 되었는지 보라. 하나의 물리적 매체에서 다른 물리적 매체로의 전환인 레코드판에서 CD로의 이동에 5년이 걸렸다. 이번에는 음악이 말 그대로 CD에서 물리적인 물질조차 없는 매체 위로 뛰어내렸다. 그리고 이 일은 12개월에 걸쳐 벌어졌다.

기술이 너무 빨리 변화하기 때문에 이제 우리 삶을 경제적으로 운영하는 단 하나의 가장 중요한 요소가 되었다. 개인을 위해서든 나라를 위해서든 경제학은 부를의 확보에 관한 것이고, 그렇게 하기 위한 공식은 완전히 바뀌었다.

불어를 하시는 나의 어머니는 항상 이렇게 말씀하신다. "La plus ça change, la plus çareste le meme chose." -더 많은 것들이 변할수록 더 많은 것들이 그대로 남아 있다-사실이다. 하지만 변화의 속도는 10여 년마다 두 배로 빨라졌고, 지금은 너무나도 빨라져서 100년, 50년, 심지어는 25년 전만 해도 상상도 할 수 없었던 경제적 기회를 제공하고 있다.

과거에는 T가 정수였지만 오늘날 T는 만능 카드이다. 모든 경제 연금술 법칙들의 핵심에 있는 힘이며, 오늘날 가장 쉽게, 그리고 가장 빠르게 변할 수 있는 요소가 되었다. T는 부를 창조하는 핵심 비결이다.

> T는 모든 경제 연금술 법칙들의 핵심에 있는 힘이며, 부를 창조하는 핵심 비결이다.

### 실업에 관한 진실

요즘은 실업에 대한 상당히 많은 이야기들이 들려온다. 언론이 인간적인 관심을 끄는, 직장을 잃은 사람들 이야기에 주의를 집중하는 한편, 정치인들은 자신들의 정책이 경쟁자보다 얼마나 더 뛰어나게 실업 문제를 해결하는지의 문제를 놓고 상대방의 공약을 넘어서려고 다툰다. 하지만 그들의 공약의 진정한 의미는(실제로 그 공약들을 실천한다면) 시간을 거꾸로 되돌리고, 자연스러운 진행의 방향을 뒤집는 것이다. 그들은 오직 실업만이 - **새로운 기술로의 변화가 낳은 결과물의 일종인** - 새 일자리를 창출할 수 있고, 모두를 위한 경제규모를 키울 수 있다는 연관성을 놓치고 있다.

모두가 물고기를 잡아 근근이 살아가는, 열 가구만으로 이루어진, 자급자족하는 외딴 섬을 상상해 보라. 매일 열 명의 남자들은 낚싯대를 들고 배를 타고 나가고, 여자들은 집에 있으면서 가정 일과 아이들을 돌본다. 그러던 어느 날 한 선교사가 와서 남자들에게 새롭고 더 뛰어난 낚시 기술 즉, 큰 그물을 선보인다. 열 대의 낚싯대를 사용하는 대신 하나의 그물을 사용하면 같은 양의 물고기를 잡는 데 두 명이면 충분하다. 한 명은 배를 조종하고 한 명은 그물을 던지는 것이다. 같은 수의 물고기를 잡거나 심지어 더 많이 잡기도 한다. 참으로 놀랍다! 그러나 문제가 생겼다. 작은 섬 사회의 실업률이 0%에서 80%로 증가한 것이다!

섬 전체의 부富는 이전과 다름이 없다는 사실을 기억하라. 실제로 그들이 잡은 물고기들을 저장할 수 있기 때문에 약간의 부富가 증가한 셈이다. 하지만 여덟 명의 어부가 직장을 잃었다. 그들은 어떻게 실직한 이 여덟 명의 어부와 그의 가족들을 먹이고 입힐 것인가? 실업을 막기 위해 그물 사용을 금지하는 법안을 통과시킬 수도 있다.

터무니없는 소리인가? 많은 사회에서 정확히 이와 같은 일을 하고 있다. 혹은 새로운 기술의 등장으로 사람들이 일자리를 잃었을 때 저마다의 단체들이 피켓을 들고 시위를 하며, 정치인들에게 발전을 막는 대책을 실행하라고 부추긴다. 혹은 그물로 고기를 잡는 두 명의 어부에게 세금을 부과해서 그들의 소득을 일자리를 잃은 어부들에게 나누어줌으로써 '문제'를 '해결'할 수도 있다. 이를 위해 필요한 것은 소득세를…, 80% 높이는 것이다. '말도 안 돼'라고 생각할 것이다. "도대체 생산자에게 한계 세율을 80%까지 올리는 사회가 어디 있어?"라고 말할 것이다.

바로 우리다. 우리 사회가 그렇다! 20세기의 초반 50년 동안 우리가 정확히 이런 일을 했다. 발전한 기술을 실행함으로써 특정한 사람들이 그들의 이웃보다 훨씬 더 부자가 되었을 때, 단기적인 실업 사태에 대한 세계의 주된 반응이 이랬다. 1913년에서 1960년 사이에 미국과 서유럽은 생산자에게 개인 한계 소득세율을 91%(1959년)까지 증가시킴으로써 급진적인 소득세를 도입했다.

다시 한 번 섬으로 돌아가 보자. 섬사람들은 세율을 높이는 대신 무엇을 할 수 있을까? 새로운 일자리를 만들어 일자리를 잃은 여덟 명의 어부들을 돕고, 사회의 부富를 증가시킬 수 있다. 한 사람은 의학을 배워서 섬사람들 모두의 건강의 수준을 높이는 데 도움을 줄 수 있다. 한 사람은 지붕 기술을 전문적으로 배워서 더 튼튼하고 견고한 오두막을 만들 수 있다. 한 사람은 아이들을 가르치는 일을 배워서 다음 세대의 지적, 창조적 기술을 향상시킬 수 있다. 그리고 이들은 모두 자기들끼리는 물론 남은 어부들과도 물물교환을 함으로써 - 이것이 바로 '자기 사업을 하는 것'이다-사회 전체의 복지와 부富를 증가시킬 수 있다.

섬 사회에서 전에는 이와 같은 직업-의료인, 지붕 전문가, 선생님 - 이 존재하지 않았다. 어부들만 있었고, 최선을 다해서 그럭저럭 살았다. 뛰어난 기술 도입으로 인해 어부의 생산성이 500%나 증가하고 80%의 실업률이 발생한 후에야 새로운 직업들이 생겨나기 시작했다.

경제 연금술에서 배웠던 것처럼 자원은 인간 정신이 만들어내기 전까지는 존재하지 않고, 수요는 인간 정신이 기술을 통해 만들어내기 전까지는 존재하지 않는다. 그리고 여기서 우리는 '새로운 일자리는 인간 정신이 만들어내기 전까지는 존재하지 않는다.'는 것을 알 수 있다.

이렇게 새롭게 만들어진 일자리를 통해 무엇을 할 것인가? 혁신하고 창조하고 새로운 일을 더 훌륭히 해 낼 수 있는 방법을 찾을 것이다. 이것은 거대한 패러다임의 전환을 상징하기 때문에 가장 이해하기 어려운 개념들 중 하나이다. 실업은 경제 성장을 나타내는 최초의 유일하고도 진정한 징후이다.

> **실업은 경제 성장을 나타내는 최초의 유일하고도 진정한 징후이다.**

여기서 우리가 말하는 것은 엄밀히 말해서 '구조적 실업'이다. 구조적 실업이란 기술에 의해 발생하는 실업을 가리킬 때 경제학자들이 쓰는 용어로, 실질적으로 오늘날 우리가 목격하는 모든 실업을 의미한다. 새로운 기계는 사람들을 일터 밖으로 몰아낸다. 우리 정부는 이와 맞서 싸우지만 이것은 발생할 수 있는 최선의 상황이다. 신기술 개발로 기계가 누군가를 일터에서 내몰았을 때, 사회 전체적으로 볼 때는 여전히 제품은 생산되고 있기 때문이다. 그리고 이제 새로운 것을 배우고 더 많은 분야에서 혁신할 수 있는 사람들이 더 늘어난 것이다.

나는 지금 엄청난 사회문제를 두고 경솔하게 속단하려는 게 아니다. 해고로 인해 고통을 겪고 있는 사람들의 처지에 나도 상당히 마음이 아프다. 내가 경제학자가 된 이유도 이 때문이다. 우리 경제 전체를 개선시켜서 고통을 경감시킬 수 있는 방법을 배우기 위해서다. 내가 이런 내용을 가르치고 책을 쓰는 이유 또한 더 많은 사람들이 이런 혼란스러운 전환기를 이용해서 소득을 늘리고 부富를 창출하는, 새롭고 더 나은 길을 찾는 방법을 알려주기 위해서다. 이 책을 통해서 배우겠지만, 나는 많은 사람들이 생계를 꾸려나갈 뿐만 아니라 어마어마한 부富를 만들어내는 데 직접 판매 산업이 이상적인 역할을 한다고 믿는다.

그러나 동정과 터널 시야를 혼동해서는 안 된다. 사업가로서 당신은 실업이 경제 성장을 나타내는 최초의 유일하고도 참된 징후라는 사실을 이해해야 한다. 경제 성장은 문제가 아니라 해답이다. 다시 한 번 말하지만, 오늘날 우리의 사회 및 경제 문제의 압도적인 다수는 우리 사회가 변화를 포용하기보다는 저항하도록 만들어져 있다는 사실에서 기인한다. 실업에 대한 해결책은 규제를 발표하고, 더 많은 실업 급여를 지급하는 법률을 제정하거나, 사라져가는 일자리를 유지하려 애쓰고 싸우는 것이 아니다. 이는 변화에 대해 습관적으로 나오는 저항 반응이다.

해결책은 우리의 자원을 활용해서 노동력을 재교육하고 설비를 교체해서 미래의 성장하는 사업이 될 떠오르는 새로운 산업을 포용하게 하는 것이다. 이 책의 목적 중 하나는 정확하게 이와 같은 일을 할 수 있도록 알려주는 것이다. 아직 벌어지지 않은 미래를 상상하는 것은 매우 어려운 일이기 때문에 과거의 아주 극적인 예를 하나 들어보겠다.

## 공장 노동자들은 어디로 갔는가?

농업에서 제조업으로의 막대한 이동을 기억하는가? 이야기는 거기서 끝나지 않는다. 1960년대 제조업은 미국 경제력의 기반이었다. 미국인의 40%가 제조업에 종사했다. 1960년에 만약 내가 20세기 말에는 20%의 미국인만이 제조업에 종사할 것이라고 이야기했다면 당신은 충격을 받았을 것이다. 오늘날 미국의 생산 능력은 1960년의 4배에 달하지만 (농산물 생산력이 크게 증가한 것처럼) 1960년에 비해 노동자 수는 절반도 되지 않는다.

만약 내가 이렇게 이야기했다면 당신은 의아해할 것이다. "그렇다면 그 나머지 노동자들은 어떻게 되는 거죠? 제조업에 종사하는 인구가 40%에서 20%로 줄어들었다면, 인구는 엄청나게 늘었을 텐데 대량 실업 사태가 기다리고 있겠군요." 나는 이렇게 이야기할 것이다. "괜찮아요. 제조업을 그만둔 사람들은 레스토랑에서 일할 거예요. 20세기 말에는 레스토랑 산업이 가장 많은 사람들을 고용할 거예요." 그러면 당신은 충격을 받는 게 아니라 나를 비웃을 것이다. "불가능해요!" 나는 "아뇨, 내 말을 들어봐요"라며, "지금, 1960년에 외식은 전체 식사의 겨우 5%를 차지하죠. 하지만 20세기 말에는 전체 식사의 50%를 외식이 차지할 거예요"라고 이어갈 것이다. 당신은 "말도 안 돼요"라고 반응할 것이다. 당신이 옳다. 그 당시에 이런 예측을 하는 것은 말도 안 되는 일이었을 것이다. 거기에는 네 가지 타당한 이유가 있다.

첫째, 외식은 부자들의 전유물이었다. 만약 내가 1960년에 "나가서 먹어요"라고 했다면 아버지는 "우리가 백만장자인 줄 아냐?"라고 말씀하셨을 것이다. 1960년에 외식은 사치였다. 그러나 어떻게든 외식을 할 수 있었다고 하더라도 가까운 곳에 나가서 먹을 만한 곳이 없었을 것이다. 고전파 경제학자처럼 당신은 미국의 레스토랑 수를 계산한 다음 "사람들의 절반이 나가서 먹는다면 어디에서 먹죠? 그들이 갈 만한 곳이 없어요!"라고 말할 것이다. 나는 "아니에요, 40년 후에는 미국 전역의 쇼핑센터에 80만 개의 레스토랑이 새로 생길 거예요"라고 말할 것이다. 그러면 당신은 "어디에요? 쇼핑센터가 들어설 공간이 없어요!"라고 말할 것이다. 그러면 나는 "주거 지역을 해체해서 상업 지구를 만들고, 그곳에는 주로 레스토랑이 들어설 거예요"라고 대답할 것이다.

이것은 더더욱 말이 안 돼 보이는 이야기이지만, 어쨌든 당신이 받아들인다고 치자. "그래도 여전히 문제가 있어요. 그렇게 한다고 해도 '대중을 위한 수많은 레스토랑'이라는 계획이 실현될 수 없는 세 번째 이유가 있어요. 사람들은 그렇게 자주 외식을 하고 싶어 하지 않을 거예요. 그러니까 프랑스식 식사를 몇 번이나 먹을 수 있겠어요?" 1960년에는 선택의 폭이 넓지 않았다. 비싸면서 몇 시간씩 걸리는 근사한 프랑스식이거나 카페테리아 음식이 있었다. 기껏해야 그게 전부였다. 나는 "21세기에는 엄청나게 다양한 제3국가 음식을 파는 레스토랑들이 많이 생길 거예요."라고 말할 것이다. "네? 다른 나라들 음식이요?" 이제 내가 무슨 말을 할 수 있을까? 일부는 그 당시에는 아직 존재하지도 않았던 나라들이다. 태국이 아직 한 국가로서 존재하지도 않았던 1960년에, 앞으로 2000년에는 수천 개의 태국 음식 레스토랑이 생길 것이라고 어떻게 설명할 수 있겠는가?

결국 당신은 이렇게 말할 것이다. "좋아요, 당신 말이 다 사실이라고 하더라도 대부분 사람들은 그렇게 나가서 먹을 시간이 없을 거예요." 1960년에는 외식 한 번 하려면 몇 시간이 걸리는 일이었기 때문이다. 앞으로 몇 십 년 뒤에는 지역이나, 원산지, 가격에 의해 규정되는 게 아니라 배달 속도에 의해 규정되는, 레스토랑 음식을 준비하고 제공하는 전혀 새로운 방식을 만들어낼 것이며, 이를 '패스트푸드' 산업이라고 부를 것이라고 이야기한다면 당신은 믿겠는가? 기술이 만들어내는 이런 변화들을 불과 몇 년 전만 해도 이해하기가 얼마나 어려운지 이해가 되는가?

이전에는 상상하는 것조차 불가능했던 새로운 산업이 한 세대나 두 세대 사이에 탄생했다. 그리고 오늘날 이런 새로운 기회들이 40년 만에 나타나는 게 아니라 4년 혹은 4개월 만에 등장한다. 실업과 함께 오늘날 우리가 자주 듣는 경제적인 고통에 관한 문제는 신흥 글로벌 국가에 의해 야기된다. 오늘날 중국과 인도는 모든 제조업, 하이테크, IT 업종을 장악하며 세계에서 중요한 강국으로 떠오르고 있다. 모든 제조업이 해외로, 그리고 아웃소싱으로 넘겨지고 미국은 뒤쳐지고 있다.

그러나 이것은 더 광범위한 규모에서 벌어지고 있는, 앞에서 설명한 것과 동일한 현상이다. 구조적 실업은 어딘가에 있는 누군가가 같은 일을 더 잘하거나, 더 적은 비용으로 하거나 혹은 둘 다인 경우를 의미한다. 또는 소비자들이 새롭고 더 뛰어난 기술로 갈아타겠다고 결심했음을 의미한다.

사람들은 잘못된 주제에 초점을 맞춘다. '아웃소싱'은 문제가 아니라, 불가피하고 멈출 수 없는 기술의 전진이고, 자연스러운 진화다. 여기서 당신이 던져야 하는 질문은 '자신의 사업가적 기술을 어디에 집중할 것인가?'하는 것이다.

경제 연금술의 여섯 번째 법칙을 생각해 보라. 진정한 경제 잠재력은 현재의 기술격차에 있다. 구시대의 직종이나 산업을 붙잡는 데 있는 것이 아니라, 우리 경제에서 내일의 새로운 욕구가 지금 막 벼려지고 있는 곳을 찾는 것, 인간의 독창성과 창의력이 들끓는 용광로에 있다.

당신은 경제에 어떤 가치를 더할 수 있는가? 적응하고, 배우고, 새로운 부富를 창출할 수 있는 당신의 능력을 발휘할 방법을 떠오르는 어떤 새로운 산업에서 찾을 수 있는가? 당신이, 중국이나 미국의 회사가 아닌 바로 당신 자신이, 당신의 운명을 통제한다.

### 9.11 사태 이후의 미국 경제

21세기 이후로 매년, 특히 9.11 사태 이후로 더욱 더, 미국의 실업률은 계속 증가해왔다. 이를 달리 표현하자면 인구 전체에서 차지하는 취업한 사람의 비율은 하락해 왔다. 동시에 미국의 국내총생산(GDP, 한 나라에서 1년 간 생산된 총생산물의 가치)은 2001년 9월 11일 이후로 한 분기를 제외하고 매 분기마다 꾸준히 상승해 왔다. 2001년 3/4분기 미국의 GDP는 0.2% 하락했고, 사람들은 모두 "경기후퇴다!"라고 외쳤다. 하지만 이어지는 분기에 GDP는 다시 상승했다. 사실, 하락한 수치의 열 배나 올랐다.

계속해서 증가하는 것은 GDP만이 아니다. 더욱 중요한 사실은 이자율과 인플레이션에 대한 GDP 성장 비율 - 소비자의 생활방식과 직접 연결되는 - 이 미국 역사상 가장 높다는 것이다. 개별 국가로서의 미국의 부富는 매년 꾸준히 증가해 왔다. 그 증거는 이것이다. 사람들이 매일 볼 수 있는 실물 경제의 가장 확실한 지표 중 하나는 자택 소유율이다. 현재 미국 가구의 약 64%는 자기 집을 소유하고 있으며, 2000년 이후 매년 증가해 왔다. 경제가 약화되거나 불안정한 상태였다면 자기 집을 소유한 사람의 수가 증가할 수 있었겠는가?

이와 함께 미국의 총생산은 증가한 반면 전체 고용인 수는 감소했다(2005년 미국의 취업 인구는 1억4천만 명으로, 2000년의 1억3천5백만 명보다는 증가했지만 전체인구 대비 비율은 감소했다). 적극적으로 일자리를 찾는 사람의 수가 많이 증가했다. 하지만 그럼에도 불구하고 국내총생산은 여전히 현저하게 증가했다. 바꿔 말하면 작은 섬에 일자리를 잃은 어부의 수는 점점 늘었어도, 우리는 더 많은 물고기를 잡고 있다!

그러니까 고용된 사람들과 자기 사업을 소유한 사람들은 - 사업가와 재택사업자를 포함한 - 역사상 어느 때보다 더 많은 돈을 벌었다는 뜻이다. 얼마나 많은 돈을 벌었을까? 2000년, 취업자 일인당 국내총생산은 71,000달러였다. 2005년에는 84,000달러였다. 굉장한 돈이다. 취업자 일인당 부 또는 가처분 소득이 거의 20%나 증가했다. 이것은 곧 왕성하게 성장하는 소비능력으로 이어졌다. 더 많은 돈을 가질수록 사람들은 더 새롭고 더 좋은 물건에 더 많은 돈을 기꺼이 쓴다.

이 모든 상황은 경제 성장의 다음 곡선을 위한 기초가 된다.

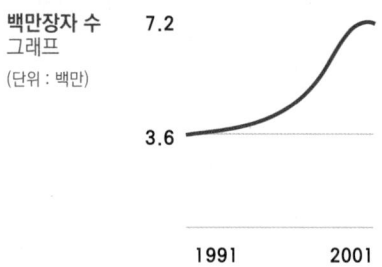

## 폭발적인 성장의 '완벽한 폭풍'

서문에서 나는 지금 우리는 역사상 최고의 경제 호황기들 중 하나의 문턱에 걸터앉았던 1990년과 동일한 종류의 상황을 바라보고 있다고 했다. 사실, 지금은 동일한, 혹은 더 좋은 조건이 적용된다고 했다.

역사상 한 번도 본적 없는 놀라운 경제 성장의 폭발을 위한 조건들의 '완벽한 폭풍'을 가리키면서, 가능성이 가득한 상황 및 동향이 합류하는 지점에 이 모든 것이 준비되어 있다. 이 놀라운 역사적 상황에서 개인적으로 혜택을 얻을 수 있는 방법을 살펴보기 전에, 우리가 살고 있는 이 시대가 경제 가능성이 풍부한 이유를 설명해주는, 지금까지 우리가 배운 원칙들을 요약해 보자.

### 1) 자유기업 체제의 뒤에 숨겨진 신학적 개념

"남의 것은 빼앗기 보다는 자신이 가진 것을 개선시킴으로써 부富를 창출하라." 이것은 인류가 창세기에서 배운 최초의 교훈들 중의 하나로, 아브라함의 계시였다. 사유재산의 사업적 발달이라는 개념은 자유 교역의 힘과 정보의 자유로운 교환과 결합했을 때 제한 없는 성장과 발전의 가능성을 낳을 뿐 아니라 평화롭고 협조적인 사회를 위한 기반을 튼튼히 한다.

### 2) 경제 연금술

경제 연금술은 우리에게 '바닥나는 자원은 없다'는 사실을 알려준다. 중요한 것은 물리적인 자원이 아니라 기술이기 때문이다. 바꿔 말하면 인간 특유의 독창성을 우리가 환경에 어떻게 적용하느냐 하는 것이 말 그대로 우리의 자원과 부富를 만들어낸다.

고갈되는 자원은 없다. 서로를 신뢰하고 자신만의 전문화된 생산물을 가지고 서로 교역을 계속해나간다면 말이다. 사실, 국가의 측면에서나 개인의 측면에서나 경제 성장을 계속 유지하는 것은 얼마나 많이 생산하느냐가 아니라 생산한 것을 얼마나 잘 나누고 분배하느냐에 달려 있다.

경제 연금술은 또한 우리가 원하는 것을 다 만들 수는 없기 때문에 성장에는 한계가 없다는 사실을 알려준다. 인간의 정신은 혁신과 기술을 만들어내고, 혁신과 기술은 욕구와 수요를 창출하고, 욕구와 수요는 성장을 낳는다. 인간의 정신은 한계가 없기 때문에 부富는 무한하다.

### 3) 기술 변화에 의한 실업은 성장을 의미한다.

기술에 의해 야기된 실업은 – 사실상 오늘날 모든 실업의 원인은 기술이다 – 경제 성장의 첫째 되는 좋은 징조이다. 우리가 흔히 이야기하던 '일자리를 앗아 간 기계들'은 다가오는 엄청난 경제성장을 실제로 보여주는 핵심 지표이다.

계속해서 일을 하는 사람들은 더 많은 돈을 벌어 경제를 성장시키는 데 쓰고, 이전에는 존재하지 않았던 새로운 상품과 서비스들을 원할 것이다. 일터에서 쫓겨난 노동자들이 다시 일을 찾아 우리의 생활 방식을 확장시키고, 더 풍부한 수요를 만들어내는 새로운 제품과 서비스를 만들어낼 때 새로운 경제 성장이 이루어진다.

### 4) 변화의 속도

이 모든 것에는 새로운 것이 없다. 다만 이런 일이 벌어지는 속도와 우리가 문제를 다루는 방법이 달라졌을 뿐이다. 그러나 변화의 가속화는 일의 원동력, 혁신, 그리고 부富의 창출이 급격하게 전환된 세계로 우리를 몰아 왔다.

기술(T)은 한 사람의 일생 동안 거의 변함이 없었다. 오늘날 기술의 변화는 우리 스스로가 조절할 수 있는 것이 되었다. 보통 50년씩 걸렸던 변화들이 이제 겨우 몇 년, 심지어는 몇 달 안에 일어난다. 그리고 우리로 하여금 우리의 자손들이 더 생산적인 다른 직업을 선택할 때까지 수동적으로 기다리는 게 아니라, 우리 세대에 기존의 고용인들을 재교육시켜야 하는 문제들도 다루게 만든다. 이와 함께, 아찔한 속도로 떠오르는 새로운 산업과 기회로 나아가는 문을 열어주고 있다.

## 누가 백만장자가 되고 싶은가?

'누가 백만장자가 되고 싶은가 Who Wants to Be a Millionaire?'(영국 TV에서 방영한 퀴즈 쇼), '백만장자와 결혼하기 Joe Millionaire'(백만장자 남자와 평범한 여자들의 서바이벌 짝짓기를 보여주는 미국의 리얼리티 쇼),『이웃집 백만장자 The Millionaire Next Door』『자동으로 백만장자 되기 Automatic Millionaire』,『1분이 만드는 백만장자 The One-Minute Millionaire』,『백만장자 마인드의 비밀 Secrets of the Millionaire Mind』…

눈치 챘는가? 지난 몇 년 간 우리는 옆을 잠깐 돌아보기만 해도 백만장자에 대한 또 다른 재미있는 TV쇼나 베스트셀러 입문서들을 볼 수 있었다. 백만장자에 대한 이런 많은 관심은 우연이 아니며, 단순한 희망사항도 아니다. 사실 우리는 지금 '백만장자 인구 폭발'의 한가운데에 서 있다.

> 우리는 지금 '백만장자 인구 폭발'의 한가운데에 서 있다.

1990년대는 막대한 부富가 창출된 시기였다. 그 10년 동안 비관적인 전

망을 예측했던 전문가들을 믿지 않았던, 동료들의 비관주의에도 불구하고 백만장자가 된 360만의 미국 가구가 있었다. 2000년대 또한 더하면 더했지 다르지 않음을 드러내고 있다. 지금 사업을 시작하고 경제 폭발 속으로 기꺼이 돌진하는 사람들은 2000년대에 또 다른 360만의 백만장자 대열에 합류할 것이다.

최초의 360만의 백만장자가 나오기까지 1776년에서 1991년까지 215년이 걸렸다. 또 다른 360만이 더해져 총 720만의 백만장자가 생기기까지는 겨우 10년(1991~2001)이 걸렸다. 미국 역사가 기록된 이래로 생겼던 백만 달러 가구의 수가 겨우 10년 사이에 두 배가 되었다. 그리고 백만장자 인구 폭발은 지금도 계속되고 있다.

2001년에서 2005년까지 4년 동안, 전체적인 암울함과 불안감, 경제침체에 대한 보고서들이 난무하는 가운데 미국은 계속해서 백만장자들을 배출했다. 얼마나 더 생겼을까? 백만 가구다. 9.11 사태 이후의 몇 년 동안 백만 명의 미국인들은 매일같이 묵묵히 자기 일을 계속해나갔다. 얼마나 사업이 잘되어 가는지 떠벌리고 싶어 하지 않았다. 주변에서 실업 사태가 벌어지는 것을 보았고, 상황이 얼마나 나쁜지 보도하는 뉴스를 들었고, 판을 뒤엎으려 하지 않았고, 무신경해 보이지 않으려 노력했다. 그들은 그저 조용히 백만장자가 되었다. 앞으로도 미국은 또 다시 천만 명의 백만장자를 배출할 모든 태세를 갖추고 있다. 2016년까지 미국의 백만장자 수는 1355만4000 명을 넘어섰다.

여기서 생각해볼 문제는 '그 차세대 백만장자들이 어디에서 나온 것인가?'하는 것이다. 그리고 또한 '어떻게 하면 당신이 그들의 대열에 합류할 것인가?'하는 것이다.

향후 10년 동안 미국은 또 다시 천만 명의 백만장자를 배출할 모든 준비를 갖추고 있다.

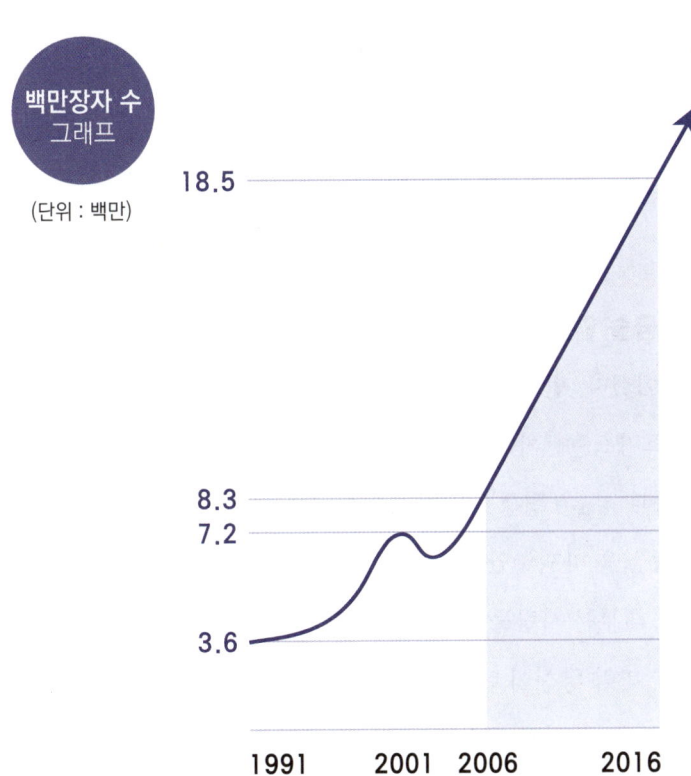

# 6장
# 개인의 경제 연금술

**개인의 연금술 인생**

과거에는 이랬다. 만약 당신의 성姓이 밀러Miller라면 당신의 가족은 빵을 만들었다. 스미스Smith씨라면 강철을 다루었거나 대장간에서 일을 했을 것이다. 가족과 성姓은 평생 직업이 무엇이냐에 따라 결정되었다. 산업혁명이 이러한 등식을 바꿔놓았다.

20세기 초, 대부분 사람들의 직업은 자신이 사는 곳에 있는 것으로 제한되어 있었다. 만약 당신이 탄광 인근에서 자랐다면 그곳이 당신의 직장이 되었을 것이다. 자동차와 고속도로망이 도래한 이후로 이 또한 바뀌었다. 사람들이 자라서 그다지 비싸지 않은 자동차를 타고 고향을 떠나 수백 마일, 혹은 수천 마일 떨어진 곳에 정착하는, 이동이 가능한 사회가 되었다. 하지만 이처럼 이동이 가능한 사회에서도 대부분의 사람들의 직업은 자신이 처음 선택한 것에 제한되어 있었다. 한 번 직업을 선택하면 그것이 평생 직업이 된다.

그러나 이제는 다르다. 기술의 발전으로 이러한 모든 기존의 방식이 사라졌다. 오늘날 당신의 직업은 더 이상 가족, 이름, 장소, 혹은 한 번의 선택으로 규정되지 않는다. 당신의 기술과, 기술 발전의 아찔한 속도에 얼마나 잘 보조를 맞추느냐에 따라 규정된다. 이제 평균적인 직업의 수명은 7년이고, 평균적인 직장의 수명은 20개월이다.

> 오늘날 당신의 직업은 당신의 기술과 기술 발전의
> 아찔한 속도에 얼마나 잘 보조를 맞추느냐에 따라 규정된다.

**당신의 기술은 무엇인가?**

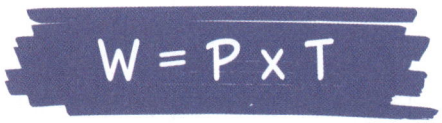

W = P x T라는 공식은 나라에만 적용되는 것이 아니다. 사업가로서의 당신 개인에게도 적용된다. 당신 개인의 부(富)가 당신의 자원(P) 곱하기 당신의 기술(T)이라면, 이 두 개의 요소가 무엇인지 한번 확인해 보자.

❖ 개인의 자원(P)

과거에 P는 당신이 얼마나 넓은 땅을 소유했는가, 또는 얼마나 많은 가축을 기르는가, 또는 얼마나 많은 금을 가지고 있는가를 의미했을 것이다. 오늘날 P를 측정하는 보다 적절한 척도는 **당신이 아는 사람들**이다.

> **오늘날 P를 측정하는 보다 적절한 척도는 당신이 아는 사람들이다.**

어떤 직종에 종사하든, 어떤 직업을 가지고 있든 당신은 수년 동안 특정한 수의 사람들과의 관계를 발전시켜 왔다. 당신을 신뢰하고, 당신이 연락을 했을 때 당신에게 연락하는 사람들 말이다.

당신이 직접 경험해서 체득한 사업도 당신 개인의 자원의 일부이다. 회계, 의료 서비스, 판매, 혹은 그래픽 디자인의 일을 했다면, 그 특정 산업 분야에서 당신이 비축한 지식은 당신의 P의 일부이다. 당신이 가지고 있는 시간의 양 또한 당신의 P의 일부이다.

잠이나 식사와 같은 기본적인 욕구에 투자하는 시간, 하루 중에서 가족이나 친구, 개인적인 취미에 할애하는 시간을 제하고 나면 매일 일에 투자할 수 있는 일정 정도의 시간을 측정할 수 있다. 따라서 당신 개인의 공식에서 P는 당신의 관계, 지식, 그리고 활용 가능한 시간이다.

❖ 개인의 기술(T)

다른 무엇보다도 '개인의 기술'은 당신 개인의 **기량**을 의미한다. 1970년대와 1980년대 기술 변화가 1 [gal]의 석유에서 우리가 얻을 수 있는 가치를 얼마나 크게 증가시켰는지를 기억하는가? 또한 농업의 발전이 1 [ac]당 생산성을 얼마나 크게 증대시켰는지 기억하는가? 이와 똑같이 당신의 개인 기술 - 당신의 기량 - 을 현재 당신이 가지고 있는 자원(사람들과의 관계, 지식 그리고 하루에 활용 가능한 시간)에 적용시키면 생산성을 크게 증대시킬 수 있다. 그래서 하루에 활용할 수 있는 시간이 동일하거나 비슷한 지식 기반을 가진 두 사람이 전혀 다른 결과를 낳는 것이다.

개인의 기술에는 세 종류의 기량이 포함된다. 첫 번째는 읽고, 쓰고, 말하고, 계산하고, 정보를 처리하는 **기본 능력**이다. 모든 종류의 직종이나 사업에는 누구나 필요로 하는 핵심적인 기능들이 있다. 그러한 기본 기능이 부족하다면 먼저 그것들을 향상시켜야 한다.

다음은 당신이 지금까지 익혀온 전문적인 기술을 포함한 **실용적인 기능**이다. 만약 당신이 간호사나 경찰관, 혹은 검사나 상담사로 일해왔다면 이러한 직종에서 사용해 온 고유의 기능들이 있을 것이다. 이러한 각 직종 고유의 전문 기능들을 통틀어 실용적인 기능이라 지칭한다.

성공하기 위한 스마트 전략은 특정한 전문 기술을 배우되, 탁월한 수준까지 익히는 것이었다. 타자를 치거나 제도를 하거나 다른 특정한 기능들을 매우 뛰어난 수준으로 연마하면 평생 직업을 가지고 그 영역에서 높은 급여를 받을 수 있었다. 그러나 더 이상은 아니다. 오늘날 특정한 기능 숙련에 의지하는 것은 일에 있어서 자살 행위와 같다. 당신이 연마한 기능을 사용하는 영역이 몇 년 사이에 완전히 다른 영역으로 전환되거나 사라질 것이기 때문이다.

오늘날 일에 있어서 성공은 세 번째 개인 기술에 달려있다. 바로 **적응하는 기술**이다. 이것은 한마디로 요약하면 새로운 것을 배우는 능력을 의미한다. 오늘날 사업을 시작하는 사람에게 가장 중요한 단 하나의 기술이다.

> 일에 있어서 성공은 주로 적응하는 기술에 달려있다.
> 이것은 새로운 것을 배우는 능력을 의미한다.

당신이 새로운 제품이나 서비스를 시장에 내놓는다면, 경쟁자는 어떻게 할까? 당신의 소비자에게 맞는 유사한 제품을 만들어낼 것이다. 누가 더 빨리 성공할까?

당신이 일하는 분야나 시장이 급속한 전환기이거나 기술이 도약하는 시기에 있다면, 사람들이 돌아가는 상황을 파악하고 어떻게 대처해야 하는지 이해하기 위해서 누구에게 일을 맡길까? 일을 맡기는 상대가 당신이라면, 당신 개인의 T는 엄청나게 증가하게 되고, 결국 부富를 창출할 수 있는 당신의 능력 또한 증가할 것이다. 새로운 것을 빨리, 잘 배울 수 있는 능력이 새로운 부富를 창출할 수 있는 경쟁 우위와 능력을 상당히 규정한다.

❖ 개인의 부富

이 모든 것을 종합해서 국가와 산업의 경우를 개인 경제 연금술에 어떻게 적용시킬 것인지 살펴보자.

당신의 W 즉, 당신의 부富는 당신의 P 즉, 1) **당신의 관계 : 당신이 알고 있으며 당신을 신뢰하는 사람들**, 2) **직접 경험을 통해 당신이 알고 있는 사업**, 3) **당신이 일에 할애할 수 있는 시간** 곱하기 당신의 T 즉, 1) **기본 능력 : 읽고 쓰고 말하고 계산하고 정보를 처리하는 능력**, 2) **지금까지 익혀온 실용적인 전문 기능들**, 3) **가장 중요한, 변화에 대한 적응 능력과 새로운 기술을 배우는 능력**이다.

개인의 T의 증가가 1991년에서 2001년까지 10년 동안 백만장자의 수를 두 배로 만들었고, 지난 4년 동안 또 다른 백만 명의 백만장자를 더했다. 다른 어떤 요인보다 현재 개인의 T를 어떻게 관리하느냐가 당신을 미래의 차세대 백만장자 대열에 합류할 수 있게 만든다. 그렇다면 어떻게 T를 증가시킬 수 있는가?

> 다른 어떤 요인보다 현재의 개인의 T를 어떻게 관리하느냐가 당신을 미래의 차세대 백만장자 대열에 합류할 수 있게 만든다.

### 인터넷 : T를 정복하는 핵심

1980년대 후반에 나는 TV쇼 '래리 킹 라이브(Larry King Live)'에서 1990년대에 극심한 경기 침체를 겪지 않을 것이라고 예측하면서(다른 많은 사람들의 예측과 반대로), 그 이유로 소비자와 회사 사이에 즉각적이고도 실시간으로 의사소통이 가능한 기술이 개발될 것이기 때문이라고 말한 적이 있다. 사람들은 내 예측이 매우 비현실적이라고 생각했지만, 사건이 일어났다. 그 '사건'은 물론 인터넷이었다. 인터넷은 우리 경제의 성장과 변형을 만들어내는, 단 하나의 가장 강력한 힘이다.

역사를 통틀어 경기 확장의 중요한 요소들 중 하나는 도로건설이었다는 점을 기억할 것이다. 고대 페니키아의 해상 무역로부터 한 로마 황제들의 어마어마한 대로 건설, 미국의 막대한 철도망과 연방간선도로망에 이르기까지, 도로망은 기술 변화라는 기어의 2대 윤활유인 신속한 정보 교환과 자유 교역을 가능하게 만들었다.

인터넷이 이룬 성과를 생각해 보라. 더욱 중요한 것은 앞으로 얼마나 더 대단한 성과를 이룰 것인가 하는 것이다. '초고속 정보통신망'이라는 용어는 단순한 은유가 아니다. 그 자체가 로마 가도와 미국의 주간 고속도로와 같은 역할을 한 새로운 고속도로망이고, 교역과 통신의 한계의 문을 활짝 열어주었고, 우리의 경제 성장 능력을 20배, 50배, 100배 배가시켰다. 이제 우리는 차고에서 무언가를 만들어서 순식간에 전 세계에 판매할 수 있다.

인터넷은 1950년대 말 처음 개발되었고, 1960년대 초 정부가 만일의 핵공격에 대비하여 통신을 유지하는 방법으로 사용했다. 이 당시의 메인 프레임 컴퓨터들의 분산된 전산망을 아르파넷(ARPANET)이라고 불렀는데, 겨우 네 대의 대형 컴퓨터(로스앤젤레스 캘리포니아 대학교, 스탠포드 대학교, 산타 바바라 캘리포니아 대학교, 유타 대학교에 위치해 있는)로 구성되었다. 이처럼 원래 국방성의 시스템이었던 인터넷이 1970년대에 전 세계의 5만여 대학과 연구원들을 연결하는 망으로 확장됐다. 1985년 대학의 교수는 누구라도 인터넷 계정을 가질 수 있도록 허용하는 역사적인 결정이 이루어졌다. 이 당시 뉴욕 대학의 교수였던 나는 처음으로 인터넷에 접근했다.

10년이 흐른 1995년, 한층 더 역사적인 결정이 이루어졌다. 모든 사람들이 인터넷에 접근할 수 있게 된 것이다. 이것은 경기 확장이라는 불에 기름을 부은 것과 같은 결과를 가져왔다. 그리고 전반적인 국가의 부(W)에 영향을 미친 것처럼 개인의 부(W)에도 실질적인 영향을 미쳤다.

더 많은 부(W)를 창출하는(공식에서 W를 증가시키는 것) 핵심이 개인의 기술(T)을 증가시키는 것이라면 당신은 이미 더 많은 기술을 얻을 수 있는 비결을 알고 있다. 경제 연금술의 세 번째 법칙이 그 비결을 알려준다. 즉, 기술은 정보 교환의 속도에 의해 결정된다. 커뮤니케이션의 속도를 높이면 더 많은 기술을 얻을 수 있다.

> **커뮤니케이션의 속도를 높이면 더 많은 기술을 얻을 수 있다.**

인터넷을 통해 커뮤니케이션하고, 새로운 제품과 자원을 찾고, 고객에게 제품과 서비스에 대해 이야기하고, 서로 의존하여 함께 일하는 사람들과 의사소통을 하고, 새로운 지역을 조사하고, 새로운 지식과 기술을 배우는 방법을 얼마나 잘, 얼마나 빨리 아는지에 따라 21세기에 부(W)를 구축하는 당신의 능력이 결정된다.

당신이 어떤 특정한 영역이나 분야에 사업적 에너지를 쏟아 붓는 것과는 상관없이, 인터넷은 당신이 현재 가지고 있는 자원들을 백만장자의 것으로 만들기 위해 필요한 가장 중요한 기술이다.

> 인터넷은 당신이 현재 가지고 있는 자원들을
> 백만장자의 것으로 만들기 위해 필요한 가장 중요한 기술이다.

### 기술 격차 정복하기

당신이 특정한 길을 따라 운전해서 매일 직장으로 출근한다고 가정해 보자. 그 길은 다른 모든 사람들이 가는 길이기 때문에 당신도 그 길을 따라 간다. 그러던 어느 날, 주요 교차로에서 사고가 발생해서 길이 꽉 막혔다. 당신은 무엇을 할 수 있는가? 투덜거리면서 몇 블록 되돌아가 옆길을 통해 직장으로 가는 다른 길을 찾는다. 그런데 이게 웬일인가? 주행거리는 좀 더 길고 뒷길을 통해 갔지만 새로운 길로 가니 직장에 더 빨리 도착했다!

새로운, 그리고 더 빠른 '우회로'는 그 전에도 있던 길이었다. 사고로 인해 돌아가 보기 전까지 한 번도 시도해 보지 않았을 뿐이다. 이것이 오늘날 미국의 거의 모든 기업들이 갖는 문제와 정확히 일치한다. 대기업이나 개인 사업자들이나 모두 사고가 나기 전까지 새로운, 더 나은 길을 찾아 나서지 않는다.

사람들은 원래 변화에 저항하기 때문에, 새로운 기술을 탐구하기보다는 기술격차가 더욱 커지도록 내버려둔다. 우리는 별 문제가 없는 한 공급업체를 바꾸지 않는다. 새로운 소프트웨어, 새로운 도구, 새로운 기술을 시도하지 않는다. 그냥 "고장 나지 않았으면 고치지 마!"라고 이야기하며, 사고가 일어나기 전에 새로운, 더 나은 길을 앞서서 찾는 사람들, 기술 격차를 적극적으로 탐구하는 사람들, 그리고 사고가 생기기를 기다리지 않는 사람들에게 밀려나고 만다. 오늘날 성공한 사업가의 모토는 "아직 고장 나지 않았다면, 좋아. 더 나은 제품을 찾아보자!"이다.

여기에 성공의 비결이 있다. 경제 연금술의 여섯 번째이자 마지막 법칙을 기억하라. 당신의 즉각적인 경제 가능성은 당신의 기술격차에 의해 결정된다. '당신이 아직 모르는 영역'에 대해 얼마나 잘 탐구하느냐, 그리고 얼마나 자주, 엄밀하게 탐구하느냐, 판에 박힌 방식에서 벗어나 한 번도 사용해보지 않은 새로운 방식을 살피도록 자신을 얼마나 많이 훈련하는지에 따라 당신의 경제 가능성이 결정된다.

> 판에 박힌 방식에서 벗어나 한 번도 사용해보지 않은 새로운 방식을 살피도록 자신을 얼마나 많이 훈련하는지에 따라 당신의 경제 가능성이 결정된다.

이제 자원과 기술, 수요, 그리고 부富에 한계가 없다는 것을 알았다. 그 무엇에도 한계는 없지 않은가? 그렇다. 사실 단 한 가지에 한계가 있다. 그것은 아무리 부유하고 영리하거나 권력이 많을지라도 절대 대체할 수 없는 당신의 가장 소중한 자원 즉, 시간이다.

그 누구도 하루의 시간을 늘릴 수는 없다. 그러나 미국의 농부가 같은 크기의 토지를 더 잘 활용하는 방법을 배웠듯이, 시간을 더 잘 활용할 수는 있다. 그리고 일정을 짜는 일에서 이메일을 보내고 화상회의를 하고 프레젠테이션 하는 일에 이르기까지 시간을 잘 활용하는 데 인터넷보다 더 중요한 도구는 없다.

> 그 누구도 하루의 시간을 늘릴 수는 없다.
> 그러나 시간을 더 잘 활용할 수는 있다.

컴퓨터가 그저 허울 좋은 타자기(대부분의 사람들이 처음에는 그렇게 사용했다)에 불과한 것이 아니듯이, 인터넷은 그저 허울 좋은 전화번호부(오늘날에도 많은 사람들이 이렇게 사용하고 있다)에 불과한 것이 절대 아니다. 인터넷은 즉각적인 글로벌 커뮤니케이션 시스템이다. 인터넷을 통해 시간을 활용하는 능력은 당신이 성공하기 위해 반드시 갖추어야 하는 능력이다.

# 7장
# 성장하는 분야로 가라

어렸을 때 어른들이 했던 질문을 기억하는가? "커서 뭐가 되고 싶니?" 학교를 다닐 때는 어떤 질문을 받았는가? "무엇을 전공하고 싶니? 무슨 일을 하는 사람이 될 거니?" 당신은 한 가지 '일'을 하는 사람 될 것이며, 평생 그 '일'을 할 것이라고 생각했다. 학교를 졸업한 뒤 한 가지 일을 계속 해 온 사람을 몇 명이나 아는가? 그런 사람이 있기는 한가?

이제 더 이상 한 가지 직업을 선택해서 평생 그 일만을 할 수는 없다. 50년 동안 2천7백만 농부에게 무슨 일이 벌어졌는지 기억하라. 그와 같은 일이 이제 우리 경제 곳곳에서 몇 년 사이에, 때로는 겨우 몇 달 안에 벌어지고 있다!

여기서 물어야 할 질문은 '새로운 산업에서 일자리를 찾을 것인가?' 하는 것이 아니다. 이제 우리는 '어느 산업에서 일자리를 찾을 것인가?'라고 물어야 한다.

> 이제 더 이상 한 가지 직업을 선택해서 평생 그 일만을 할 수는 없다.

### 새롭게 부상하는 산업들

앞으로 몇 년 동안 큰돈을 벌 수 있는 일은 지난 10년, 혹은 15년 전에 하던 일이 아니다. 그것은 지금은 거의 존재하지도 않는 산업들일 것이다. 혁신의 가장 어려운 점 중 하나는 혁신의 정의 자체가 그것이 일어나기 전에는 무엇일지 예측하기가 사실상 불가능하다는 데 있다. 현재 존재하는 수요일 가능성은 거의 없다.

경제 연금술의 네 번째 법칙에 따르면 수요와 욕구가 기술을 발전시키는 것이 아니다. 오히려 그 반대이다. 기술이 새로운 제품을 만들어내고, 그 제품의 존재가 욕구를 만들어낸다. 소니 워크맨에 대한 욕구는 원래 존재하지 않았지만, 워크맨이 출시되자 사람들은 조깅을 하면서도 음악을 들을 수 있다는 사실을 알게 되었고 순식간에 모두가 워크맨이 필요하게 되었다!

사업가로서 기존의 산업에 뛰어든다면 힘들게 일만 하게 될 것이다. 경쟁자들을 이기기 위해 더 많은 시간을 들이고 더 힘들게 일을 하지만 성공의 기회는 더 줄어들 뿐이다.

그러나 새로운, 혹은 부상하는 산업에 뛰어들면 그냥 힘들게 일하는 것이 아니라 똑똑하게 일하면서, 사람들의 삶의 질을 향상시키기 때문에 점점 더 수요가 많아지는 새로운 제품을 유통시킬 수 있다. 비결은 새롭게 떠오르는 제품에 민감하게 주의를 기울이는 것이다. 모든 사람들이 알면 더 이상은 새롭게 부상하는 제품이 아니기 때문이다!

이미 앞에서 자동차에 대해 많이 언급했지만 여기서 다시 한 번 이야기해보자. 그만한 가치가 있기 때문이다. 처음에는 대부분의 사람들에게 말도 안 되는 것처럼 보였던 '새롭게 부상하는 산업'의 아주 훌륭한 사례가 바로 개인용 자동차이다. 개인용 자동차는 20세기 최고의 산업적, 기술적, 사회적인 영향력을 가진 산업이 되었다. 오락에서 산업까지, 데이트하기에서 인구통계학에 이르기까지, 지난 세기 동안 인간 삶의 모든 측면은 자동차에 의해 급격한 변화를 겪었다. 하지만 헨리 포드가 처음 '누구나 살 수 있는 자동차'를 만든다고 했을 때, 사람들은 완전히 미친 짓으로 여겼다.

1970년대에 '개인용 컴퓨터'라는 것은 농담처럼 여겨졌다. 어떻게 컴퓨터가 개인용이 될 수 있다는 말인가? 그것은 완전히 모순이었다! 우선 한 가지 이유는 컴퓨터가 수백만 달러짜리였기 때문이다. 또 다른 이유는 컴퓨터 한 대가 방 전체를 차지할 정도로 크기가 거대했다. 그리고… 컴퓨터를 가지고 도대체 뭘 하겠다는 말인가?

30여 년 전 빌 게이츠 Bill Gates와 마이클 델 Michael Dell이 사업을 시작했을 때(각각 마이크로소프트와 델 컴퓨터를 설립했다), 그들은 1920년대의 헨리 포드처럼 전혀 예상 밖의 방향을 선택했다. 그 당시 존재하지도 않았던 산업에 뛰어든 것이다. 10년 후 그들은 세계에서 가장 돈을 많이 번 두 남자가 되었다.

최초의 IBM 개인용 컴퓨터(PC)는 1981년에 출시되었다. 1990년에 PC 판매량은 자동차 판매량을 넘어섰고, 2000년쯤 PC는 1조 달러 가치의 산업이 되었다. 무려 1조 달러이다!

자동차와 PC는 과거에 새롭게 부상한 산업의 아주 훌륭한 두 사례이다. 지금부터 우리는 현재 진행 중인, 새롭게 부상하는 산업의 세 가지 사례를 살펴볼 것이다. 바로 웰니스(Wellness 건강, 질병에 걸리지 않은 건강한 상태를 health라고 한다면, wellness는 음식이나 운동, 생활 습관에 의해 질병을 예방하고 건강 상태가 잘 유지되는 것을 의미한다 - 역주譯註), 인터넷, 그리고 내가 '지적知的 유통(Intellectual distribution)'이라고 부르는 유형의 '유통'이다. 지적 유통은 직접 판매(네트워크 마케팅, 다단계 마케팅, 또는 파티 플랜 마케팅이라고도 하는)라는 유통 경로로 잘 알려져 있다.

### 웰니스 사업

우리가 '건강관리(Health care)' 사업이라고 부르는 것은 진정한 건강 사업이 아니라 질병 관리 사업이다. 현재 의료산업은 건강과는 관련이 거의 없다. 미국 경제 규모의 7분의 1에 해당하는 1조4천억 달러를 의료에 쏟아붓고 있지만, 오늘날 의료산업은 질병의 증상을 치료하는 데에만 집중되어 있다. 질병을 예방하거나 사람들이 보다 튼튼하고 건강한 삶을 영위하는 것과는 거의 관련이 없다.

하지만 오늘날 질병과는 전혀 관계없이, 오로지 건강을 창조하는 새로운 산업이 있다. 웰니스(Wellness)는 아픈 사람이나 질병을 다루지 않는다. 이미 건강하며, 계속 건강한 삶을 유지하고 싶어 하고, 노화를 늦추거나 질병 사업의 고객이 되기를 거부하는 사람들을 위한 사업이다. 여기서 웰니스(Wellness)란 다음과 같은 것을 의미한다.

> 웰니스Wellness는 어떤 의학적인 병명이 따르는 '아픈' 상태가 아닐 때조차 자신이 더욱 건강함을 느끼게 해주는 것에 쓰는 돈이다.

웰니스에 사용되는 돈은 당신을 더 튼튼하게 만들고, 더 건강해 보이게 만들고, 더 잘 듣게 만들고, 이른 바 노화 증상과 맞서는 데 들어가는 돈이다. 20여 년 전 웰니스 산업에 뛰어드는 것은 힘든 일이었다. 왜 그랬을까? 웰니스 산업 자체가 없었기 때문이다. 그렇데 지금은 어떤가?

노화 현상은 우리가 살아 있는 한 늘 우리를 따라다니기 때문에, 웰니스 산업에 대한 '욕구'가 어느 날 갑자기 자연스럽게 생겨나지는 않았다. 웰니스 사업은 지난 20여 년 사이에 신기술에 의해 모습을 드러냈다. 70세 노인을 위한 성기능 강화제를 만들어낼 '필요'가 있다고 누가 상상이나 했겠는가? 노인의 발기부전은 사실 사회에서 걱정하는 의료 문제가 아니었다. 1998년 비아그라(Viagra)가 큰 인기를 얻은 이후로 전 세계가 비아그라를 빗댄 농담을 만들어내기 시작했다. 그러나 비아그라가 효과가 있다는 사실은 모두 받아들였다는 사실을 기억하라. 그뿐이 아니다. 비아그라 사업은 순식간에 100억 달러 규모로 성장했다. 성기능 강화제 비아그라, 발모제 로게인(Rogain), 미용치과치료, 선택적 성형수술, 노화방지제, 슈퍼 뉴트리션(영양소를 일일 요구량 이상으로 섭취하는 영양제)…. 이 모든 신제품들은 삶의 질을 향상시키고 노화 속도를 늦춘다. 그리고 모두 최근의 기술 발전의 산물이다.

이미 2005년에 비타민과 음식 보조제 시장만 700억 달러 규모에, 헬스클럽 회원권 시장이 240억 달러였다. 한 세대 전만 해도 누가 헬스클럽에 가입하는 것을 들어나 보았는가? 1975년에 조깅은 하나의 '일시적인 유행'이었다. 홀라후프처럼 시간이 지나면 사라져 버릴, 중요하지 않은 일이었다. 온 국가가 달리기를 정상적인, 매일 규칙적으로 하는 활동으로 여긴다는 생각은 그 당시에는 헛소리였다.

비타민과 음식 보조제 시장에 퍼스널 트레이닝 시장까지 더해졌다. 개인 트레이너라니…. 30년 전이었다면 아무도 믿지 않았을 것이다. 최고 연봉을 받는 운동선수라면 당연하지만, 일반인들이 체력 관리를 위해 누군가에게 돈을 주고 운동기구 사용하는 방법을 배운다고? 누가 그런 일에 돈을 쓰겠는가? 우리가 그러고 있다.

웰니스의 모든 다양한 측면을 더해보면 벌써 3천억 달러 규모의 사업임을 알 수 있다. 그리고 이것은 시작에 불과하다. 대부분의 사람들이 이런 제품의 존재 자체를 모르고 있거나, 자신들에게 적용될 수 있다고 생각하지 않기 때문이다. 이렇게 아직까지 제품을 사용하지 않는 사람들이 웰니스에 대해 알기 시작하면 이 분야의 사업은 폭발적으로 증가할 것이다. 지금과 같은 속도라면 오래 전 PC 산업이 그랬던 것처럼 웰니스 산업 또한 차세대 성장동력으로, 세계가 주목하는 분야로 떠오를 것이다. 글로벌 웰니스 연구소에 따르면 이미(2015년 기준) 글로벌 웰니스 산업 규모는 3조7000억 달러 규모로 그 수요는 관련 산업의 성장을 이끌며 그 범위를 점차 넓혀가고 있다.

> 글로벌 웰니스 산업 규모는 3조7000억 달러 규모로, 그 수요는
> 관련 산업의 성장을 이끌며 그 범위를 점차 넓혀가고 있다.

### 인터넷 : 시작도 하지 않았다!

1990년에 인터넷이 무엇인지 아는 사람은 아무도 없었다. 1995년까지 소비자들은 개인 계좌나 이메일 주소조차 만들지 않았다. 그러나 5년이 흐른 2000년, 미국의 많은 신흥 백만장자들은 인터넷에 의해, 혹은 인터넷을 통해 탄생했다.

다른 어떤 요소보다 인터넷은 백만장자 인구 폭발을 몰고 왔다. 아마존 닷컴(amazon.com)이나 이베이 eBay와 같은 인터넷 관련 사업에 종사하는 사업가들만을 이야기하는 것이 아니다. 문자 언어가 이른 바 '문명'이라는 창조성 폭발을 만들어냈고, 인쇄 언어가 이른 바 '산업화'라는 성장의 폭발을 만들어냈듯이, 인터넷이 제공하는 전 세계 어디에서나 즉각적으로 주고

받는 '실시간 언어' 커뮤니케이션이 우리가 아직 이름조차 붙이지 못한 완전히 새로운 시대를 만들어내고 있다. 만약 이름을 붙인다면 '정보화'라고 부를 수 있을 것이다.

왜 그럴까? 경제 연금술의 세 번째 법칙 때문이다. 즉, 신기술의 성장은 정보 교환의 속도에 의해 결정된다. 인터넷의 탄생은 정보 교환의 속도를 급속하게 가속화시켰고, 그로 인해 인쇄기의 등장 이후 최고의 독창성 폭발과 부$_{富}$의 창조라는 결과를 가져왔다.

인터넷은 - 그리고 구체적으로는 인터넷을 통해 시간을 활용하고 배움의 기회를 늘리는 능력은 - 부$_{富}$를 창조하기 위해 필요한 가장 중요한 도구들 중 하나이다. 부동산 같은 자산기반 산업에서도 얼마나 많은 재산을 가지고 있느냐에 비해 재산을 가지고 무엇을 하느냐가 오늘날 당신의 성공을 결정한다. 인터넷은 그 핵심이다.

'인터넷 버블' 때문에 즉, 투자자들이 이윤이나, 심지어는 이익이 남는지의 여부를 따지지도 않고 때로는 매우 투기성이 높은 인터넷 기반의 회사들에 수십억 달러를 쏟아 부었던 1990년대 후반의 몇 년 때문에, 많은 사람들은 지금 인터넷의 미래에 대해 비관적이거나 체념하는 관점을 가지고 있다. "인터넷 기회라… 그것들은 왔다가 갔어. 생각만큼 대단한 게 아니었어."라고 생각하는 것이다.

전혀 사실이 아니다! 사실 인터넷은 아직 시작도 하지 않은, 새롭게 부상하는 엄청난 성장산업이다. 이것은 데스크톱과 PC 화면에서 뛰어나와 우리의 휴대폰으로, 그리고 우리 삶의 모든 측면으로 뛰어들려 하고 있다.

> 인터넷은 아직 시작도 하지 않은,
> 새롭게 부상하는 엄청난 성장산업이다.

### 인터넷의 지역화

세계 경제가 중요한 만큼, 정신이 번쩍 들게 하는 경제적인 사실이 하나 있다. 평균적인 소비자는 자신이 소비하는 돈의 대다수를 집 근처에서 사용한다는 것이다!

인터넷에 들어가, 운전해서 20분 내로 갈 수 있는 정비소들 중에서 내가 필요로 하는 부품을 재고로 가지고 있는 곳을 찾을 수 있다면 어떨까? 휴대폰의 화면을 스크롤 하면서 당신이 사는 지역에서 최고의 소비자 만족 평가를 받았으며, 화상카메라를 통해 하루 중 언제든 아이가 잘 지내고 있는지 확인할 수 있는 최고의 어린이집을 찾을 수 있다면 어떨지 상상해보라.

머지않은 미래에 당신은 레스토랑에 가고 싶을 때 가장 먼저 휴대폰 화면을 통해 레스토랑에 자리가 있는지 확인하게 될 것이다. 빈자리가 있는 레스토랑에 당신이 나타나면 할인을 해줄 것이다. 항공사에서 이런 서비스를 제공해 왔는데 레스토랑에서도 그렇게 할 것이다.

이것은 편의성이 약간 개선된 것뿐, 극적인 발전이 아닌 것처럼 보일 수도 있다. 하지만 한번 생각해 보라. 매년 전 세계에서 만들어지는 음식물의 4분의 3은 사람들이 먹는 것이 아니라 쓰레기통에 버려진다. 레스토랑에서 얼마나 많은 음식물을 버릴까? 그 수치를 전 세계적으로 바꾸기 위해 어디에서나 실시간으로 제공되는 정보로 무엇을 할 수 있을까?

우리는 이미 버스정류장에서 기다릴 때 버스가 몇 분 후 도착할 것인지 알려주는 장치를 이용하고 있고, 당신이 타야 할 버스가 오기 전에 커피를 마실 여유가 있는지도 알 수 있다. 더 중요한 사실은 버스 운전기사가 각 정류장에서 누가 기다리고 있으며, 어떤 정류장에서 손님을 태워야 할지 알게 될 것이라는 것이다. 정류장에 아무도 없다면 정차할 필요가 없다는 뜻이다.

이것 또한 편의성이 약간 개선된 것뿐이다. 그렇지 않은가? 하지만 생각해 보라. 승객도 없는 버스정류장에 정차하는 것이 얼마나 연료를 낭비하는 일인지 아는가? 반대 방향에 차가 없는데도 빨간 신호등 앞에 서 있는 것 또한 얼마나 연료를 낭비하는 일인지 생각해 보았는가?

우리가 소비하는 거의 모든 자원들과 관련해서 - 연료, 음식, 공기, 물을 비롯해 무엇이든지 - 긴급한 과제는 공급을 제한하는 것이 아니라, 낭비하지 않고 똑똑하게 사용하는 것이다. 전 세계적으로, 그리고 지역적으로 정보를 주고받고 통합시키기 시작하면서 우리는 시간, 에너지, 연료 등등을 엄청나게 아끼게 될 것이다.

## 인터넷과 건강관리(Health Care)

인터넷이 매우 큰 영향을 미치는 또 다른 영역이 건강관리(health care) 산업이다. 오늘날 우리의 건강관리 체계가 이토록 형편없는 가장 중요한 이유는(우리 경제 규모의 7분의 1을 건강관리에 쏟아 붓고 있다는 사실을 기억하라) 소비자의 선택권을 거의 충족시키지 못하고 있기 때문이다. 대부분의 경우 소비자의 질병에 대해 최고의 서비스나 처방을 주지 못하는 상품을 판매하고 있다.

> 오늘날 우리의 건강관리 체계가 이토록 형편없는 가장 중요한 이유는 소비자의 선택권을 거의 충족시키지 못하고 있기 때문이다.

예를 들어 의사들은 자신이 처방할 수 있는 분야에서 인센티브를 받아왔던 제품을 처방한다. 미국에서 매년 의사가 발행한 처방전 약품의 4분의 1을 소비자들은 너무 비싸기 때문에 구매하지 않는다. 인터넷은 건강관리 영역에서도 소비자의 선택권을 다른 많은 소비 품목의 영역들과 같은 수준으로 올려놓을 것이다

머지않아 인터넷은 환자가 서명을 하고, 자신의 구체적인 질병을 기입하고, 자신이 복용하는 약을 확인하고, 자신과 같은 증상을 가진 다른 사람들이 복용하는 약 20여 종류를 볼 수 있게 될 것이다. 다른 사람들에게 그 약들에 대해 물어볼 수 있고, 특정 약에 대한 기록을 프린트하고, 그 모든 정보를 담당 의사에게 보여주고, 이런 내용에 대해 의논을 한 뒤 그 약의

복용 여부에 대한 결정을 내릴 것이다.

세상에서 정보에 대해 가장 갈급한 소비자는 질병에 걸린 사람, 혹은 사랑하는 사람이 질병에 걸린 사람일 것이다. 인터넷은 건강관리 소비자들에게 더 많은 선택권을 줄 것이고, 손가락으로 자판을 누르기만 하면 모든 정보를 볼 수 있게 해줄 것이다.

### 영향력이 커진 소비자와 권리가 강화된 사업가

과거에는 판매원과 중개인이 주로 자신이 원하는 쪽으로 소비자를 유도해서 물건을 판매했다. 소비자들은 잘 알지 못했기 때문에 이들과 같은 전문가들의 의견에 의지해 구매 결정을 내리는 데 도움을 받았다. 인터넷의 가장 변혁적인 효과 중 하나는 소비자의 권한이 강화되었다는 것이다.

이젠 달라졌다. 건강 보험에서 전자제품에 이르기까지, 교육에서 주식, 주택 구입에 이르기까지 모든 분야에서 미국 소비자들의 50% 이상이 미리 인터넷에 들어가 그들이 선택할 수 있는 가능성에 대한 모든 것을 알아본다. 그리고 최근에 비슷한 선택을 한 50~100명의 다른 소비자들의 의견과 경험을 들을 수 있다. 소비자들은 중개인의 조언이나 한 단계 걸러진 지식이 아니라 스스로 얻은 지식을 바탕으로 선택을 한다. 이러한 상황은 가격을 더욱 하락시키면서 동시에 품질은 더욱 향상시킨다. 그리고 경제 연금술의 과정을 가속화한다.

인터넷은 소비자에게 권한을 부여하는 동시에 개인 사업가들에게 동일한 학습능력을 부여하면서, 혁신과 부의 창출 과정을 엄청나게 가속화한다. 새로운 경제에서 가장 중요한 기술은 '새로운 것을 배우는 능력'이라는 사실을 기억하라.

웰니스 사업이나 기술 사업, 직접 판매 사업이나 그 밖에 어떤 사업이든, 약간은 확신할 수 없는 새로운 사업의 기회가 왔을 때, 인터넷을 사용할 줄 안다면 당신과 당신의 소비자에게 최고의 선생님이자 트레이너, 도구는 바로 인터넷이라는 사실을 알게 될 것이다.

# 8장
# 지적 유통 : 새로운 사업

역사를 되돌아보면서 백만장자들이 어디서 생겼는지 생각해보는 것은 흥미롭다. 과거를 돌아보면 앞으로 차세대 백만장자들이 어디서 나올지를 예측할 때 필요한 내용을 알게 된다는 사실은 더욱 흥미롭다. 그리고 그것이 명확한 역사적 관점을 통해 우리가 배울 수 있는 정확한 교훈이다.

수천 년 동안 경제적 기회는 주로 물리적인 자원을 지배하고 있는 사람들에게 주어졌다. 백만장자가 되는 방법은 토지, 강철, 곡물, 가축 혹은 다른 중요한 물리적 자원들을 전면적으로 소유하거나, 선박업계나 철도업계의 거물들이 그랬던 것처럼 자원의 운송을 통제함으로써 지배하는 것이었다. 이는 '자원 백만장자'의 시대였다. 물론 오늘날 자원 백만장자(억만장자)들은 여전히 존재하지만 진정한 기회는 더 이상 자원의 지배에 달려 있지 않다.

지난 2세기 동안 개척자, 혁신가, 제조의 장인들에게 엄청난 기회의 문이 열렸다. 특히 제2차 세계대전 후 몇 십 년 동안, 해외로 제품을 운송하고 플라스틱 같은 새로운 재료를 사용함으로써 제품을 저렴하게 만드는 방법을 찾아 백만장자가 된 사람들이 엄청나게 늘어났다. 경제는 호황을 맞았고, 사람들은 점점 더 좋은 제품을 만듦으로써 부자가 되었다. 이 시기는 '제조업 백만장자'의 시대였다.

그런데 무언가 달라졌다. 1960~1980년대에 값비싼 원재료와 노동력을 모두 유연한 자동 제조 과정으로 전환시킴으로써 제조 기술을 크게 발전시킨 영리하고 젊은 사업가들이 소매 경제학을 완전히 재구성했고, 전혀 새로운 기회의 영역을 창출했다.

### 유통 백만장자의 부상

1950년대, 혹은 1960년대에 백화점에 들어가 물건을 하나 샀을 때 소매가의 50%가 제조원가였다. 나머지 50%는 유통경비였다.

300달러짜리 물건, 텔레비전이나 카메라 또는 드레스를 예로 들어보자. 1950~1960년대에 제조원가는 판매 가격의 절반 즉, 150달러 정도를 차지했다. 나머지 150달러는 제조사에서 도매업자, 소매업자에게 운송되는 유통비용을 의미했다. 유통비용에는 마케팅, 광고, 구매 시점 광고(소비자가 상품을 구매하는 소매 점포에 게시된 광고)에 들어가는 비용을 포함한다. 바꿔 말하면 상품을 만드는 데 150달러가 소요되고, 나머지 150달러는 제조공장에서 소비자의 손에 들어가기까지의 모든 과정에 소요되는 금액이다.

하지만 1990년까지의 눈부신 기술 발전은 제조 원가를 빠르게 하락시켜왔고, 이제 일반적인 상품의 소매가격의 20% 정도를 차지하게 되었다. 즉, 나머지 80%는 유통비용인 것이다!

한편, 유통비용이 상품 가격에서 차지하는 비중이 50%에서 80%로 높아졌다는 것은 실제 유통 비용이 증가되었다는 뜻은 아니다. 실제로 유통비용은 하락해서 지금은 제조 원가만큼 낮아졌다. 1960년에 어떤 물건을 300달러에 구매했다면 1990년에는 동일한 품질과 기능을 가진 상품을 100달러에 구매할 수 있다. 1960년에 150달러였던 유통 비용은 약 절반인 80달러로 줄어들었지만 제조원가는 1960년대 150달러에서 그 10분의 1인 15달러로 하락했다.

1990년대에 이르러 같은 상품이 여전히 300달러에 판매되었지만, 더 많은 훌륭한 기능이 부가된 훨씬 뛰어난 상품이다. 그런데 제조 원가는 150달러에서 15달러로 떨어졌다. 여기서 제품 가격의 80~85%가 유통비용이고, 15~20%가 제조비용이었다. 다시 말해 1990년에 이르러 부<sub>富</sub>를 크게 쌓을 수 있는 기회는 더 이상 제조가 아니라 유통으로 넘어갔다. 1990년 세계에서 가장 돈이 많은 사람들은 물건을 더 잘 만드는 방법이 아닌 더 잘 유통시키는 방법을 찾은 사람들인 이유가 여기에 있다.

다시 1961년으로 돌아가 보면, 샘 월튼 Sam Walton은 자기 브랜드를 제조하는 것이 아니라 다른 브랜드의 상품을 판매하기만 하는 회사를 설립했다. 월마트는 재고를 조절하고 가격을 낮추는 기술을 선구적으로 활용했다. 1990년 월마트는 세계에서 가장 큰 소매점이 되었고, 다른 사람들이 만든 물건을 유통시키는 것을 자기 일로 삼았던 샘 월튼은 세계 최고의 부자가 되었다.

1990년, 프레드 스미스 Fred Smith는 당시 가장 성공한 항공사 사장이었다. 그는 1976년 자체 항공기와 조종사를 보유한 항공사를 설립했는데 사람들을 태우지 않았다! 이 항공사의 목적은 화물을 배달하는 것이었다. 페더럴 익스프레스(Federal Express)는 신속한 배달을 보장하는 서비스 유통으로 국내와 해외를 연결했다. 이것은 1976년 당시에는 전례 없는 아이디어였다.

로스페로 Ross Perot는 35억 달러 규모의, 하드웨어나 소프트웨어를 만들지 않는 컴퓨터 회사, 일렉트로닉 데이터 시스템스(EDS)를 설립했다. EDS는 어떤 회사였을까? 다른 사람들의 하드웨어와 소프트웨어를 유통시켰다. 1990년쯤 로스페로는 세계 최고의 갑부 중 한 명이 되었다. 이것이 '유통 백만장자'의 시대였다.

기회의 우위가 자원에서 제조로 전환되었던 것처럼 이제 다시 제조에서 유통으로 전환되었다. 그러나 이것은 지나간 과거이지, 미래의 일은 아니다.

## 차세대의 전환

그렇다면, 차세대 백만장자는 어디에서 나올 것인가? 박리다매식 대형 할인매장 - 월마트(Wal-Mart), 타겟(Target), 홈디포(Home Depot) - 의 기회는 이미 왔다 지나갔으며, 새롭고 더욱 큰 기회를 탄생시켰다. 1999년, 이 새로운 기회는 비즈니스맨이 「타임」지誌의 '올해의 인물'로 선정되었을 때 극적으로 그 모습을 드러냈다. 비즈니스맨이 그런 명성을 얻는 경우는 매우 드물기 때문에 이는 특히 의미가 있다. 누구였을까? 바로 아마존닷컴(amazon.com)으로 서적 유통에 대혁신을 일으켰던 제프 베조스 Jeff Bezos이다.

제프 베조스는 신세대 사업가 중 한 명이다. 그는 분명 유통 사업을 한다. 하지만 좀 더 자세히 들여다보자. 사람들은 그저 물리적으로 책을 구매하기 위해 아마존닷컴에 가입하지 않는다. 책에 대해 배우기 위해 가입한다. 책에 대한 다양한 논평을 읽고, 같은 범주 안의 다른 책들을 둘러보고, 자신이 원하는 특정한 주제에 대한 책이 실제로 있는지 찾아보기 위해 접속할 수도 있다. 그리고 아마존닷컴은 책을 고객의 집으로 유통시키지 않는다. 원하는 책을 고르고 돈을 지불하면 유나이티드 파슬 서비스(UPS)나 페덱스(FedEx)가 배송을 한다.

제프 베조스(54세, 순자산 43억 달러)와 이베이(eBay) 창립자 피에르 오미다이어 Pierre Omidyar(51세, 순자산 85억 달러)와 같은 사업가들은 과거의 물적 유통 억만장자들을 능가할 만반의 태세를 갖추고 있다. 이들은 월마트와 코스트코 같은 유형이 아니다. 이들은 새로운 유형이며, 창고형 대형매장과는 확연히 다른 사업을 한다.

**유통의 양팔**

월마트, 타겟, 코스트코가 등장하기 전 100년 동안 미국의 소매업은 메이시스(Macy's), 필렌스(Filene's), 마샬 필즈(Marshall Fields)와 같은 백화점이 지배했다. 이들 거대 유통업체들은 유통의 두 가지 중요한 기능을 수행했다. 바로, 교육과 배송이었다. 이들은 고객에게 어떤 제품과 서비스가 가능한지 알렸고, 그 제품과 서비스를 고객에게 제공했다. 이러한 유서 깊은 두 기능의 결합은 수백 년 전 무역상과 행상인에게로 거슬러 올라간다.

그러나 지난 몇 십 년 동안 사업가들이 매우 뛰어난 새로운 유통 기술을 개척하면서, 두 기능 사이가 점점 더 크게 벌어지게 되었다. 다시 말하면 그 두 기능은 다음과 같다.

❖ 교육 : 소비자에게 제품과 서비스가 그들의 삶을 개선할 것이라고 교육한다. 보통 소비자들은 그런 제품이 존재한다는 사실을 모르거나 이제 적절한 가격에 구매할 수 있다는 사실을 모른다.

❖ 배송 : 소비자가 이미 자신이 원한다는 사실을 아는 제품이나 서비스를 실제로 소비자의 손에 전달하는 것이다.

배송, 즉 물리적인 유통은 월마트, 타겟, 코스트코와 모든 거대 유통업체들이 집중하는 영역이다. 소비자는 월마트에 갈 때 정확히 무엇을 원하는지 알고 있다. 들어가서 물건을 골라서 나온다. 가격과 편리함, 속도를 위해 대량판매상은 구매 과정의 중요한 측면을 배제했다. 그들은 질문에서 지적知的 유통 부분을 제거한 것이다. 월마트는 시간을 들여 새로운 제품이나 서비스에 대해 가르치지 않는다. 그들은 소비자가 상점에 들어가기 전에 이미 알고 있는 자신이 원하는 상품만을 정확하게 소비자들에게 판매한다.

1990년에 『무제한의 부富』를 출간했을 때, 나는 이러한 물리적 유통 호황이 1990년대를 지배할 것이라고 예측했다. 그러나 이제 그 엄청난 호황의 시기는 지나갔고, 물리적 유통으로 벌어들일 돈은 이미 대부분 벌어들였다. 향후 벌어들일 돈은 배송이 아닌 교육에서 두드러지게 나타날 것이다. 물리적인 유통이 아니라 지적 유통이다. 즉, 소비자의 삶을 개선할, 그러나 소비자는 그 존재를 아직 모르고 있는 제품과 서비스에 대해 소비자를 교육하는 것이다.

이것은 엄청나고도 점점 커지는 기술격차의 대단한 기회이다. 새로운 부富를 창출하기 원하는 사람들을 위한 최고의 사업 기회이다. 아주 많은 수의 차세대 백만장자가 여기서 나올 것이다.

> 새로운 부富를 창출하기를 원하는 사람들을 위한 최고의 사업 기회는 소비자의 삶을 개선할 제품과 서비스에 대해 소비자를 교육하는 것이다.

## 기술 격차에 뛰어들기

왜 지적 유통 - 소비자들이 아직 모르는 제품과 서비스에 대해 교육하기 - 에서 수많은 차세대 백만장자가 배출될까? 왜 그것이 그토록 큰 기회일까? 오늘날 가장 심각한 병목 현상이 일어나는 곳이 바로 그 분야이기 때문이다.

어떤 산업이든 오늘날 기술 변화 속도는 너무나 급격하게 가속화되고 있어서 소비자가 어떤 제품에 대해 알게 되어 사려고 할 때쯤에는 이미 더 좋은 제품이 나와 있다. 소비자들은 왜 더 좋은 모델을 구매하지 않는가? 모르기 때문이다. 이것을 제조사들은 '적체(backlog)'라고 부른다.

40여 년 전 상점의 점원이 소비자의 질문에 대답을 못하면 경악할 일이었다. 오늘날에는 일상적인 일이 되었다. 점원이 제품에 대해 모두 알 것이라고 기대하는 사람은 없다. 이제 그것은 소비자의 몫이다. 소수의 전문 소매점에서 점원이 고객을 교육하는 전통적인 기능을 수행하기도 한다. 그러나 전반적으로 소매점은 제품에 대해 사람들에게 알려주는 전통적인 기능을 완전히 포기했다. 그 대신 제품을 효율적이고 저렴하게 배송하는 기능에 주력한다.

자동차 전시장에 들어가서 영업 직원에게 그가 설명하는 차를 소유하고 있는가 물어보라. 그렇지 않을 것이다. 전자제품 아울렛에 가서 당신이 구매하고자 하는 특정 제품을 실제로 가지고 있는, 혹은 그 제품을 구매할 만한 여력이라도 되는 판매직원을 몇 번이나 만나 보았는가? 거의 못 만났을 것이다. 그들은 제품이 어디 있는지 알려주기 위해 있는 사람들이지 그 제품에 대해 제대로 알려주기 위해 고용된 사람들이 아니다. 그렇다면 오늘날 제품에 대해 어디서 배우는가? 없다. 그것이 문제다. 그리고 기회이다. 그것이 바로 기술 격차이기 때문이다.

경제 연금술의 여섯 번째 법칙을 기억하는가? '당신의 즉각적인 경제 가능성은 기술격차에 달려 있다.' 그렇다. 오늘날 기술은 급속히 발전하면서 사람들의 삶의 질을 극적으로 향상시키는 신제품을 수없이 많이 쏟아내고 있기 때문에, 사람들이 사용하는 제품과 그들이 알기만 하면 사용할 제품 사이의 격차가 너무나도 크며, 당신이 지금 이 책을 읽고 있는 순간에도 그 격차는 더 크게 벌어지고 있다. 당신이 그 기술에 대해 알려주는 사람이 된다면 당신은 부자가 될 것이다.

> 오늘날 기술은 급속히 발전하면서
> 사람들의 삶의 질을 극적으로 향상시키는 신제품을
> 수없이 많이 쏟아내고 있기 때문에, 당신이 그 기술에 대해
> 알려주는 사람이 된다면 당신은 부자가 될 것이다.

# 9장
# 사업가의 시대

20세기 후반의 50년 동안 전통적인 지혜는 학교에 가서 좋은 교육을 받고, 좋은 회사에 취직하는 것이었다. '자기 사업을 하는 것'은 거의 대부분 위험한 생각으로 여겨졌다. 존경스러운 일이지만, 아마도 위험하고, 그리고 약간은 미친 짓으로 여겨졌다. 오늘날, 이것은 완전히 반대가 되었다. 이제는 회사에 취직하는 것이 위험하다. 자기의 사업을 하는 것이 훨씬 더 합리적이다.

우리는 재택사업 호황의 한가운데 있으며, 그 기세가 수그러들 것 같은 징후는 보이지 않는다. 미국의 여덟 가구 중 한 가구 이상이 재택 사업을 하고 있다. 2000년에는 소규모 회사의 50% 이상이 재택사업이었으며, 국가 전체에서 경제 활동을 통해 발행되는 영수증의 10%를 이들이 차지하고 있다.

> 우리는 재택사업 호황의 한가운데 있으며,
> 그 기세가 수그러들 것 같은 징후는 보이지 않는다.

이번 장에서 우리는 왜 사업가와 재택 사업자들이 우세한 위치를 차지하고 있는지, 주요한 이유들에 대해 살펴볼 것이다. 새로운 법률과 기술이 가치의 전환을 따라 잡고 있다. 사람들은 집에서 일을 하기를 원하고, 이제 그렇게 할 수 있다. 사실, 이제 집에서 일하는 사람들이 성공할 가능성이 높다!

### 기술 우위

나는 1976년 와튼 스쿨 Wharton School을 졸업하고 시티뱅크(citibank)에서 일했지만, 은행 업무에 관심이 있어서가 아니었다. 나는 최고의 기술에 접근하고 싶었고, 시티뱅크는 당시 가장 크고 좋은 컴퓨터들을 보유하고 있었다. 그 당시에는 그것이 최신 기술을 접할 수 있는 유일한 길이었다. 컴퓨터는 값비싼 중앙 컴퓨터였고, 큰 기업들이 소유하면서 내부 관리자들만이 독점적으로 사용했고, 결국은 주요 기업들만이 막대한 경제적 이득을 취했다. 가장 크고 좋은 컴퓨터를 보유하고 있던 우리는, 컴퓨터 없이 여전히 서류로 은행 업무를 처리하는 다른 은행의 경쟁자들을 섬멸했다.

오늘날에는 정반대이다. 오늘날 가장 인기 있는 최신 기술은 본사의 자기 책상에 앉아 있는 사업가가 사용하고 있다! 큰 기업들은 충분히 빠른 속도로 혁신을 따라가지 못한다.

오늘날 미국 주식시장에서 가장 가치가 높은 기업 10개 중 5개(시스코, 마이크로소프트, 인텔, 오라클, 보더폰)는 30여 년 전에는 존재하지도 않았던 기업들이며, 이들 5개 기업의 총자산을 합치면 1조 달러를 넘어선다. 이들의 공통점은 무엇일까? 이 기업들은 모두 개인 사용자에게 부담할 수 있는 정도의 가격에 기술을 제공하는 제3자 공급자들이다.

이 최첨단 기업들은 주택 건설업자가 집을 빨리 지을 수 있도록 돕는 도구와 재택 사업자들이 통신을 하고 사업을 운영하며 제품을 쉽게 유통시킬 수 있도록 돕는 도구(tool)들을 만든다. 이런 도구들은 거대한 중앙컴퓨터가 아닌 개인이 사용하도록 만들어졌다는 사실을 기억하라. 오늘날 대기업의 컴퓨터를 확인해 보라. 대부분 3년, 4년, 5년, 8년 된 컴퓨터들이다.

큰 기업에 비해 개인 사업가들이 유리한 이유가 여기에 있다. 사업가들은 병목구간이 거의 없거나 전혀 없다. 기업 내에서의 기술격차는 매우 크다. 기술은 그 어느 때보다 급격히 변화하고 있으며, 거대한 조직에서 이러한 기술을 도입해서 완전히 새로운 기술 세대를 통합시키는 것은 굉장한 도전이다.

1970년대와 1980년대에는 기업의 규모가 클수록 더 새롭고 발달된 기술을 사용했다. 오늘날은 기업의 규모가 클수록 더 오래되고 구식인 기술을 사용한다! 오늘날 기술은 개인의 1:1 거래를 기반으로 하는, 빠르게 움직이며 적응을 잘하는 비즈니스 환경에 맞추어 발달하고 있다. 델 컴퓨터가 극적으로 입증했듯이, 이제는 하나의 모델을 만들어서 모두가 사용하게 만드는 것은 경제적인 방법이 아니다. 무엇이든 개인 소비자가 원하는 것을 맞춤으로 생산하는 것이 더욱 경제적이다!

개인 사업가를 위한 도구(tool)와 기술을 만드는 회사가 성공할 가능성이 가장 높다. 세계 최고의 훌륭한 기업들은 개인 사업가와 한 사람, 혹은 두 사람이 운영하는 기업이 미국의 성장을 이끌어갈 것이라는 사실을 알고 있다. 기업은 독립적인 계약자들을 이기지 못하고 분산과 해체의 과정을 밟아 왔으며, 도구 제공자들은 이 사실을 알고 있다. 그들은 더 큰 시장에 제공하는 도구를 만들고 싶어 한다. 그 시장이 바로 개인 사업가이다.

오늘날 최고의 기회는 어디에 있는가? 학교를 졸업하자마자 창업을 하는 사람들에게도 최고의 기회는 큰 기업에 취직하는 것이 아니라(그 회사가 개인을 위한 도구(tool)를 만드는 회사가 아니라면) 스스로 사업가가 되어 사업에 뛰어드는 것이다.

> 오늘날 최고의 기회는
> 스스로 사업가가 되어 사업에 뛰어드는 것이다.

## 기업은 개인 사업가를 이길 수 없다

40여 년 전 내가 취업전선에 뛰어든 이후로 너무나 많은 것이 바뀌었다. 그 당시에 고용주들은 직원들에게 "우리는 늘 곁에 있을 것이고, 늘 여러분에게 관심을 기울일 것입니다. 여러분이 충실하게 일한다면 우리는 멋진 의료 혜택과 훌륭한 은퇴 프로그램을 제공할 것입니다"라고 이야기했다.

시간이 지나면서 우리는 이러한 대기업의 약속이 흔적도 없이 사라지는 것을 지켜봤다. 그들이 악인이거나, 이상적인 근무 환경을 꾸준히 제공하고 싶어 하지 않는다는 뜻이 아니다. 그들은 그렇게 할 수 없다. 그들은 공룡과 같은 길을 가고 있다. 왜 그들이 서서히 멸종해가고 있는지 이해하기 위해, 애초에 거대 기업이 어떻게 그리고 왜 존재하게 되었는지 잠시 살펴보자.

1931년 로널드 코스 Ronald Coase라는 21살의 이상주의 영국 대학생이 장학금을 받고 미국에서 공부하게 되었다. 경제학도였던 그는 허레이쇼 엘저 Horatio Alger, 헨리 포드 Henry Ford와 앤드류 카네기 Andrew Carnegie의 나라, 누구나 맨손으로 시작해 큰 회사를 일굴 수 있는 '기업가의 땅'에 오게 되어 매우 흥분했다. 미국에 도착했을 때 그는 모두가 회사에 취직하고 싶어 하는, 대공황의 한가운데 있는 나라를 목도했다. 그는 궁금했다. "왜 이토록 거대한 자유 시장 경제에서, 이 기회의 땅에서, 노동자들은 스스로 사업을 해서 자신의 기술을 시장의 소비자들에게 직접 판매하지 않고 자발적으로 다른 누군가의 밑에서 일을 하고 싶어 할까?" 바꿔 말하면, "왜 셀 수 없이 많은 자영업자들 대신 이 거대한 회사들이 존재하는 걸까?"

코스는 이 질문에 대해 상세히 연구했고, 거대 기업들이 매우 효율적인 방법으로 사업을 했기 때문에 존재할 수 있었다는 사실을 발견했다. 한 지붕 아래에 있지 않으면서 함께 사업을 하는 개인들의 '거래비용'은 너무

높아서 운송 비용, 전화요금, 통신비용, 우편 지연, 회계 및 부기 비용 등이 경제적 생산을 능가했다(이 모든 거래는 매우 노동집약적이었다. 예를 들어 이 당시 수기 부기를 하려면 계산서 발부와 지급, 그리고 적절한 비용 분류 작업을 위해 직원 세 명 당 한 명의 회계사가 필요했다). 코스는 이 엄청난 거래비용 때문에 거대한 수직적 기업들이 증가할 것이라고 예측했다. 그의 논문 「회사의 본질 The Nature of the Firm」은 이 주제에 대한 표준 연구가 되었다. 그 후 코스는 시카고대학의 교수가 되었고, 60년 뒤인 1991년 자신의 유명한 논문으로 노벨 경제학상을 수상했다.

그러나 상황은 바뀌었다. 장거리 전화요금이 얼마나 비쌌는지 기억하는가? 수기 복식부기는 어떠했는가? 당일 배달 비용은? 이 모든 것들은 과거의 유물이 되었다. 오늘날 기술의 발전으로 이 모든 거래비용은 갑자기 거의 제로에 가까울 정도로 하락했다.

사실, 나는 최근 오늘날의 데이터를 가지고 코스 교수의 이론에 적용해 보았는데, 완전히 정반대의 결과를 낳는다는 사실을 발견했다. 즉, 오늘날에는 작은 단위에서 일하는 것이 훨씬 더 효율적이어서 거대한 조직들의 다수는 더 이상 존재할 필요가 없다는 것이다. 그리고 이것은 정확하게 실제로 벌어지고 있는 일이다. 오늘날 가장 중요하며, 가장 성공할 수 있는 '기업'은 가상현실로 나아가는 기업들이다. 오늘날 우리가 겪고 있는 실업 문제의 대다수는 사실은 많은 거대 기업들이 작은 회사, 독립 계약자, 그리고 빨리 적응하고 신속하게 움직이는 사업가들과의 경쟁에서 뒤처지면서 영구적인 해체의 과정에 있음을 의미한다.

개인들은 19세기에 거대 고용주가 등장한 이후부터 직장을 그만두고 사업가가 되는 길에 대해 논쟁을 벌여왔다. 과거에는 이런 논쟁의 초점은 자기 사업을 하는 일의 기회와 위험성에 맞추어져 있었다. 오늘날 진짜 위험은 거대 기업에 남아 있는 것이다. 현재의 당신의 직장은 아마도 몇 년 내에는 영구적으로 해체될 것이기 때문이다.

> 오늘날 진짜 위험은 거대 기업에 남아 있는 것이다.
> 현재의 당신의 직장은 아마도 몇 년 내에는
> 영구적으로 해체될 것이기 때문이다.

### 세제 혜택

30여 년 전 당신이 백만장자였다면, 아마도 사업체를 설립한 뒤 매매함으로써 부자가 됐을 가능성이 높다. 왜일까? 자본 매각 소득에 비해 경상이익에 대한 세금이 70~80%였고, 연금기금과 퇴직 적립금, 거치 예금을 받을 수 있는 사람들은 대기업에서 일하는 사람들뿐이었기 때문이다. 게다가 건강보험 혜택을 받을 수 있는 사람도 대기업에 근무하는 사람들뿐이었다. 더 이상은 아니다.

최근 들어 미국 세법에 중요한 변화가 일어났다(그 변화의 일부는 나와 어느 정도는 연관이 있다는 사실이 개인적으로는 뿌듯하다). 이러한 변화로 인해 재택사업가가, 이전에는 불가능했지만 이제는 방법만 안다면 보통의 현금 흐름을 통해서 수백만 달러를 축적할 수 있게 되었다. 국회가 마침내 사업가들도 회사원과 같은 비과세나 과세 유예 저축 혜택을 누릴 수 있는 세법을 제정함으로써 개인 사업가들을 위한 공평한 경쟁의 장을 마련한 것이다.

> 국회가 마침내 사업가들도 회사원과 같은 비과세나 과세 유예 저축 혜택을 누릴 수 있는 세법을 제정함으로써 개인 사업가들을 위한 공평한 경쟁의 장을 마련한 것이다.

많은 사람들이 큰 조직에서 일하는 한 가지 이유는 의료보험 및 퇴직수당 때문이다. 1944년에서 2005년까지 큰 회사의 직원들은 이러한 혜택을 받기 위한 세금에 있어서 개인보다 절반 혹은 그 이상의 조세혜택을 누렸다. 이는 (1) 무료, 혹은 저비용 보험혜택을 받는 직원들은 그에 대한 소득세를 내지 않아도 되고, (2) 고용주들은 그들이 제공하는 보험혜택에 대해 100% 세금 공제를 받을 수 있고, (3) 직원들은 고용주가 퇴직연금에 출연하는 금액에 대한 세금을 유예할 수 있기 때문이다.

하지만 이제 개인 사업가들은 큰 기업의 직원들보다 더 좋은 의료보험과 퇴직수당 혜택을 누릴 수 있다. 대부분 가족을 위해 가장 좋은 건강보험은 단체보험보다는 개인보험이다. 개인보험은 질병에 걸렸다고 해서 보험료 할증을 할 수 없게 되어 있기 때문이다. 그리고 새로운 건강보험계좌(Health Savings Accounts, HSAs)는 개인에게 기업의 직원들과 같은 조세 혜택을 준다.

> 이제 개인 사업가들은 큰 기업의 직원들보다
> 더 좋은 의료보험과 퇴직수당 혜택을 누릴 수 있다.

 2003년부터 자영업자들은 감당할 만한 비용에 세금 공제가 가능한 개인 건강보험을 들 수 있게 되었다. 반면 기업의 직원들은 이전 연도의 보험료 신청 금액에 따라 보험료 할증이 적용되는 전형적인 단체보험만 가입할 수 있다. 이런 단체보험은 시간이 지날수록 언제 터질지 모르는 시한폭탄과 같다.

 대부분의 사람들은 개인퇴직계좌(Individual Retirement Accounts, IRA)를 대수롭지 않은 작은 퇴직금 계좌로 생각한다. 그러나 2005년부터 일하는 부부는 IRA에 8천 달러를 적립할 수 있고, 2008년에는 1만 달러까지 적립할 수 있게 되었다. IRA는 기존의 기업의 퇴직자 연금제도의 모든 혜택을 받을 수 있는 것은 물론이고, 생애 첫 주택 구입이나 무직 상태에서의 건강보험 할증료 지불과 같은 큰 일이 있을 때 언제든 비과세로 조기 인출이 가능하다.

 자기 사업을 소유하고 있다면 퇴직적립금에 대한 선택의 폭은 훨씬 넓다! 간이고용인 연금 개인퇴직금 계좌(SEP IRA, 고용주가 자신과 고용인의 퇴직계좌를 만들어 적립도 하고, 세금공제 혜택도 받는 것)와 같은 자영업자 퇴직금 계좌나, 1인 401k(매달 일정액의 퇴직금을 회사가 적립하면

근로자가 이를 운용해 스스로의 투자 결과에 책임지는 확정 기여형 퇴직연금)/이윤분배제도(Profit Sharing Plan, 기업 이윤의 일정 몫을 고용인에게 퇴직적립금으로 분배해주는 제도)를 활용하면 매년 4만1천 달러(세전)까지 적립할 수 있고, 사업가로서 스스로를 위해 일하면서 15년 안에 백만장자가 될 수 있다.

왜 국회에서 이렇게 법을 바꾸고 훌륭한 우대 정책을 만들었을까? 그렇게 해야만 했다. 오늘날 50% 이상의 미국인들이 자영업을 하거나 소규모 기업에서 일을 하고 있다.

> 오늘날 50% 이상의 미국인들이
> 자영업을 하거나 소규모 기업에서 일을 하고 있다.

### 라이프스타일

새로운 경제에서 순수한 보상 금액은 더 이상 충분하지 않다. 우리는 갈수록 더 어느 정도 질의 보상을 원한다는 것을 인식하게 된다. 우리는 단순히 돈을 원하는 것이 아니라 라이프스타일을 원한다. 배우자나 아이들을 볼 수 없다면 아무리 많은 돈을 번다고 해도 중요하지 않다. 아이들과 놀아줄 수 없다면 아무리 물질적인 소유가 많아도 소용이 없다. 그리고 아무리 많은 부富를 성취했다 하더라도 그것을 누릴 수 있는 건강이 없다면 무용지물이다.

오늘날에는 당연하게 여기는 '삶의 질'이라는 개념은 사실은 '고객 서비스'라는 개념이 그렇듯이, 그리고 정확히 같은 이유로 즉, 기술의 발달로 최근에야 만들어진 것이다. 우리의 경제적, 삶의 기준은 생계를 유지하는 것(거래를 완료하는 것)뿐 아니라, 삶을 살면서 가능한 최고의 경험을 하는 것(거래를 만드는 것)까지도 기대하는 정도가 되었다. '삶의 질'은 '좋은 고객 서비스'가 우리 인생 전체에까지 확장된 것과 같은 개념이다!

이것은 경제 연금술의 네 번째, 다섯 번째 법칙을 다시 돌아보게 한다. 기술이 수요를 결정하고 수요에는 제한이 없다. 이제 우리는 생존뿐 아니라 의미 있고 충만한 깊이까지도 경험할 수 있는 삶의 질을 원한다. 그리고 다시 한 번 말하지만 회사에 고용된 사람은 사업을 하는 사람과 경쟁이 되지 않는다.

이것은 분명하다. 자기 사업을 시작하면 회사에서 일했던 것과 같은 시간을, 혹은 더 많은 시간을 일에 투자해야 할 것이다. 그러나 어떤 시간을 사용할지를 조절할 수 있다.

> 자기 사업을 시작하면 회사에서 일했던 것과 같은 시간을,
> 혹은 더 많은 시간을 일에 투자해야 할 것이다.
> 그러나 '어떤' 시간을 사용할지를 조절할 수 있다.

나는 집에서 무선 노트북을 가지고 일을 한다. 사실 나는 집의 모든 방에서 무선 노트북, 무선 전화기를 사용할 수 있다. 따라서 나는 집의 어느

9장 사업가의 시대

곳이든 마음대로 다닐 수 있고, 내가 원하는 시간에는 언제든지 '업무'를 볼 수 있다. 아이들과 아침을 먹으며 한 시간을 보내는 것이 내게 더 중요하다면 나는 그렇게 할 수 있다. 아이들이 모두 잠든 후에 일을 할 수 있다. 내 대신 다른 누군가가 독단적으로 어느 시간에 일을 해야 하는지를 결정하는 게 아니라 내가 직접 어느 시간대를 일에 할애할지 결정한다.

우리는 종종 일과 가족 사이의 균형을 유지하는 일의 어려움에 관해 이야기하곤 한다. 한쪽에는 일이, 다른 한쪽에는 가족이 앉아 있는 시소처럼 묘사한다. 계속해서 다른 한쪽에 비해 한쪽만 우선시하다가는 우리의 삶은 흔들리고, 흔들리다가 직장을 잃든지, 가족을 잃든지, 혹은 건강이 매우 안 좋아지면서 마침내는 모든 것이 무너지고 만다. 그러나 우리가 운 좋게 일과 가정을 통합할 수 있는 방법을 찾을 수 있다면 두 가지 요소를 조화롭게 영위하며 균형을 맞추는 일에 대해 많은 걱정을 할 필요가 없다.

내가 어렸을 때 아버지는 8~10명의 직원들과 함께 침대보를 만드는 작은 사업체를 운영하셨다. 그 일은 아버지 삶의 전부였다. 아버지는 하루 종일 일을 하셨고, 저녁 식사 시간에는 그날의 일에 대한 이야기를 하셨다. 우리 형제들도 주말에는 아버지 일을 도왔다. 그때를 되돌아보면 아버지의 세 아들이 당신과 함께 일을 했던 그 짧은 기간이 아버지 인생의 가장 행복했던 순간들이었다.

나는 오늘날 가장 외로운 사업가는 아이들이 아버지가 하는 일이 무엇인지 모르는 사람들이라고 생각한다. 아이들에게 당신이 하는 일이 무엇인지 보여줄 수 있다면, 아이들이 어떤 일로 가족이 생계를 유지하는지 알게 할 수 있다면, 더 바람직하게는 당신이 일을 하는 모습을 보고 아이들도 의미 있는 방법으로 참여할 수 있다면 일과 가정의 파괴적이거나, 서로를 소외시키는 균열은 사라지기 시작한다.

여기에는 역설적인 문제가 있다. 미국이라는 나라는 모두가 작은 사업가인 개인 사업가들의 농업 국가로 시작했다. 거대한 기업이 등장하면서 우리 세대는 '정상적인' 고용인의 삶을 당연한 것으로 받아들였지만, 이것은 실제 역사적으로는 비정상적인 길이었다. 그리고 이제 우리는 사업가의 뿌리로 급격하게 돌아가고 있으며, 그러한 현실은 역사책에 기록되고 있다.

# 10장
# 왜 직접 판매인가?

•

오늘날 가능한 모든 사업 기회들 중에 가장 중요한 것은 '네트워크 마케팅'이라고도 불리는 직접 판매이다. 직접 판매 산업은 실질적으로 우리가 목도하는 모든 경제동향을 기회로 활용할 수 있으며, 차세대 백만장자의 다수를 배출할 완벽한 조건을 갖추고 있다.

> 직접 판매 산업은
> 차세대 백만장자의 다수를 배출할 완벽한 조건을 갖추고 있다.

직접 판매는 사실은 가장 오래된 판매 방식이다. 모든 인류 역사를 살펴보면 직접 판매를 하는 사람은 행상인이었다. 도구와 기술 기반 상품의 주요 유통업자로서 행상인은 자신의 제품 유통의 지적인 측면과 물리적인 측면을 모두 다루었다. 제3자 운송과 우편 체계가 발달하면서 직접 판매업자들은 지적인 유통과 단순히 주문을 받는 일에 더욱 집중할 수 있는 형태로 전환하기 시작했다. 19세기에 많은 직접 판매업자들은 뿌리를 내려 잡화점과 백화점의 상인이 되었다.

지난 수 십 년 동안 정신없이 빠르게 진행된 기술 발달은 새로운 경제에서 이 아주 오래된 직접 판매 기능의 의미를 바꾸어 놓았다. 오늘날 직접 판매 산업의 상황을 이해할 수 있도록 몇 가지 통계를 살펴보자.

직접 판매는 지난 20여 년 동안 미국 내 매출이 2배로 늘어난 급속히 성장하는 산업이다. 2004년 미국 내 매출은 300억 달러를 넘어섰다. 전 세계적인 매출은 거의 1천억 달러에 육박한다.

- 미국에서 직접 판매에 종사하는 사람은 1천5백만 명 이상이고, 전 세계적으로는 거의 5천만 명에 이른다.
- 미국 인구의 4분의 3(75%)이 직접 판매를 통해 물건이나 서비스를 구매한다. TV와 인터넷 쇼핑을 통해 구매하는 사람 수를 합친 것보다 많은 숫자다.
- 미국 인구의 거의 절반(45%)이 직접 판매업자에게 구매하기를 원한다고 말한다.
- 직접 판매업자의 약 90%가 파트타임으로 일을 한다.

– 직접판매협회(Direct Selling Association) 자료 (http://www.dsa.org)

이 수치들은 그 자체만으로도 흥미롭지만 빙산의 일각일 뿐이다. 직접 판매는 새롭게 부상하는 산업의 또 하나의 사례이면서, 우리가 지금까지 논해왔던 모든 추세를 충분히 활용하기에 완벽한 위치에 있는 산업이기 때문이다. 현대의 직접 판매 산업은 모든 신제품과 서비스를 위한 유통 방법으로 선택될 만반의 준비를 갖추고 있다.

> 현대의 직접 판매 산업은 모든 신제품과 서비스를 위한 유통 방법으로 선택될 만반의 준비를 갖추고 있다.

### 직접 판매=지적 유통

1960년대와 1970년대 초반, 현대 직접 판매 모델이 태동되던 시기에 이 사업은 개인의 거실에 상점을 여는 것과 매우 유사했다. 그러나 이제는 아니다. 저렴한 장거리 전화와 다음 날 도착하는 특급배송에서 비디오 기술, 가정용 컴퓨터 그리고 인터넷에 이르기까지, 지난 몇 십 년 사이에 이루어진 기술의 발전은 이 사업을 완전히 다른 것으로 바꾸어 놓았다. 그리고 그 과정에서 직접 판매는 기술 격차를 완벽하게 메울 수 있는 산업으로 자리를 잡았다.

오늘날 직접 판매는 거의 전적으로 지적 유통을 의미한다. 직접 판매업자로서 당신이 고객에게 제품이나 서비스에 대해 이야기할 때, 당신은 보통 그냥 제품을 전달만 하지 않는다. 당신은 UPS, 페덱스(FedEx)나 혹은 다른 배달 서비스를 이용해서 제품을 고객에게 배송한다. 법적 보호, 보험, 대출, 투자, 건강관리 계좌 카드와 같은 서비스를 판매하는 직접 판매 회사들의 경우, 배송은 실질적으로 벌어지는 일이 아니다. 사실, 고객이 온라인으로 접속하거나 무료 전화로 제품이나 서비스를 회사에 직접 주문하면, 당신의 판매실적으로 인정된다. 실질적으로 배송을 하는 업무에서는 완전히 해방되어서 전적으로 교육적인 기능만 수행하면 되는 것이다. 그리고 그런 종류의 기술격차를 메우는 소비자 교육에 직접 판매만큼 적합한 매개체는 찾아볼 수 없다.

나는 1990년대 초반 교육 소프트웨어 제품 라인을 개발하면서 이것을 직접 경험했다. 아이의 인생을 완전히 바꾸어 놓는 제품이 있었지만 그것을 생산하는 것보다 사람들에게 전달하는 데 비용이 훨씬 많이 들었다. 훌륭한 신제품을 개발했지만 소비자에게 그런 제품이 존재한다는 것을 알릴 방법이 없었고 성공할 가망이 거의 없는 상태였는데, 큰 네트워크 마케팅 회사와 연계한 뒤 제품을 유통시킬 수 있었다.

현재 번창하고 있으며 앞으로도 계속 성장할 직접 판매 회사들은 그들의 독립적인 디스트리뷰터 Distributor(representative, associate, 혹은 broker라고 부르기도 한다)들이 거의 전적으로 지적인 유통, 즉 삶의 질을 향상시키는 새로운 제품과 서비스에 대해 사람들에게 가르치는 역할에 초점을 맞추는 방식을 채택한 회사들이다. 정말 성공한 회사들은 자사만의, 혹은 전매 특허의 기술, 제품 또는 서비스를 소유한 회사들이다. 그리고 고유의 제품이나 서비스뿐 아니라 다른 경쟁사보다 효과적인 제품이나 서비스를 보유한 회사들이다.

전통적으로 직접 판매가 빛을 발하는 분야는 이른바 '정보가 풍성한' 제품이나 서비스를 다루는 일이다. 사람들이 아직 모르거나 널리 알려져 있지 않아서 그것을 사용하기 위해서는 굉장한 양의 정보를 필요로 하는 제품이나 서비스를 의미한다. 현실적으로 특별히 높은 품질이나 높은 가치를 지닌 제품, 서비스를 의미한다. 즉, 프리미엄 제품이나 서비스이다.

직접 판매가 특히 프리미엄 제품과 서비스에 잘 맞는 이유는 그것을 잘 설명할 줄 아는 사람들에 의해 판매되어야 하기 때문이다. 오늘날 직접 판매는 보통 해당 제품이나 서비스를 사용하는 사람에 의해 개인과 개인 사이에 이루어진다. 자동차 세일즈맨이나 전자제품 판매직원, 혹은 의류 판매직원과는 달리 직접 판매하는 사람은 많이 배우고, 열정적이고, 소비자가 궁금해하는 제품이나 서비스를 사용해본 경험이 있는 사람이다.

직접 판매는 오늘날의 경제를 위한 완벽한 지적 유통 사업이다. 재택사업은 상점, 창고, 종업원이나 막대한 사무 지원 직무를 필요로 하지 않는다. 오직 유통 과정의 교육적인 요소를 담당할 한 사람, 당신만 있으면 된다.

> 직접 판매는
> 오늘날의 경제를 위한 완벽한 지적 유통 사업이다.

## 직접 판매는 '능동적인' 매체이다

나는 종종 이런 질문을 받는다. "이제는 모든 새로운 제품이나 서비스에 대한 설명을 인터넷을 통해 얻을 수 있기 때문에 온라인 정보가 프리미엄 제품에 대해 설명하는 일로 생계를 유지했던 사람들을 모두 대체하지 않을까요?" 사실 지난 20세기의 마지막 수년 동안 이 문제에 대해 걱정하는 직접 판매 사업가들이 일부 있었다.

그들은 걱정할 필요가 없었다. 인터넷은 강력한 힘을 가지고 있다. 그러나 1980~1990년대의 텔레비전의 해설식 광고가 그랬듯이, 현대의 직접 판매 사업가들이 1:1로 고객을 대응하는 기능을 대체하지는 못했다. 그리고 앞으로도 절대 대체하지 못할 것이다. 그 이유는 기술의 중요한 한계들 중 하나 때문이다. 인터넷의 한계는 텔레비전이 갖는 한계와 동일하다. 이들은 수동적인 매체라는 사실이다.

> 인터넷은 강력한 힘을 가지고 있다.
> 그러나 현대의 직접 판매 사업가들이 1:1로 고객을 대응하는 기능을 대체하지는 못했다. 그리고 앞으로도 절대 대체하지 못할 것이다.

통상적인 광고 매체들은 이른바 '지적 도전의식을 불러일으키는' 정보 - '새로운 아이디어'에 대한 완곡한 표현 - 를 효과적으로 전달하지 못한다. 왜냐하면 오늘날 정보 매체들은 대부분 수동적인 형태이기 때문이다. 텔레비전은 무언가를 배우기에는 너무나 수동적인 매체이기 때문에 새로운 아이디어를 가르치는 수단으로 사용할 수 없다. 신문도 마찬가지이다. 그리고 인터넷도 크게 다르지 않다.

텔레비전을 어떻게 보는지 생각해 보라. 긴장을 한껏 풀고 소파에 등을 기대어 앉는다. 이때 가장 하기 싫은 일은 새로운 정보의 도전을 받는 것이다. 실제로 당신은 텔레비전에서 당신에게 도전하는 무언가를 본다면, 이미 알고 있거나 진실이라고 생각하는 것에 반하는 무언가를 본다면 어떻게 하는가? 채널을 돌린다. 대부분의 매체는 이러하다. 언제든 당신의 세계관에 도전하는 무언가와 부딪히면 채널을 바꾸고, 다른 페이지로 넘기고, 인터넷 브라우저에서 '뒤로' 버튼을 클릭한다. 아마존닷컴에 들어갔을 때 자신이 정확하게 어떤 책을 원하는지는 모를 수도 있지만 어떤 특정한 주제나 특정한 종류의 책을 찾고 있다는 것은 안다. 어떤 제품에 대해 알고 싶을 때에 인터넷에서 그 제품에 대한 정보를 찾는다. 즉, 그와 같은 제품이 존재한다는 사실을 이미 알고 있다.

직접 판매가 유례없이 잘되는 이유는 1:1로 하는 대화가 사실상 능동적으로 배울 수 있는 유일한 방법 - 새로운 정보를 이해하고 완전히 새로운 방식으로 받아들이는 유일한 방법 - 이기 때문이다. 이것이 우리가 이야기 하는 새롭게 부상하는 거의 대부분 산업들의 필요조건이다.

> 직접 판매가 유례없이 잘되는 이유는 1:1로 하는 대화가
> 사실상 능동적으로 배울 수 있는 유일한 방법이기 때문이다.

바꿔 말하면 1:1 대화는 다른 사람의 기술 격차를 메우는 데 도움을 주는 가장 효율적이고 효과적이고, 때로는 유일한 방식이다. 이런 이유 때문에 기술이 발전할수록 직접 판매 사업가들에게 더 많은 기회가 주어진다. 그리고 이들을 보다 정확하게 프리미엄 세일즈맨이라고 부를 수 있다.

나에게 중요한 어떤 일에 대한 새로운 방식을 내게 가르쳐주거나 공유하는 사람은 내 인생에서 가장 소중한 사람들 중 한 명이다. 내 부富를 극대화시키는 데 효과적인 도구를 나에게 보여주는 투자 고문, 내 무릎의 통증을 없애주는 제품을 나에게 알려주는 건강관리 고문, 나의 요구에 맞는 보험 종류를 내게 보여주는 금융 서비스 고문…. 이런 사람들의 서비스는 나에게 중요하다. 나는 인터넷에서 찾을 수 있는 것보다 비용이 조금 더 드는 서비스를 제공하는 사람들과 일을 한다. 그들은 항상 나에게 무언가를 알려주거나, 가치를 더해주고, 비용 이상의 가치가 있기 때문이다. 새로운 제품들이 더 많이 출시될수록, 나는 이 사람들의 조언과 교육이 더 많이 필요하다.

인터넷은 사람들이 배우고 싶어 하는 것을 가르치는 정보의 기능을 대체하고 있으며, 그 기능을 그 어느 때보다 더 훌륭하고 신속하게, 그리고 세세하게 수행하고 있다. 하지만 사람들이 배우기를 원하면서도 그것이 무엇인지 자신도 아직 모르는 것 - 구매할 수 있다는 사실을 아직 모르기 때문에 - 을 가르치는, 정말 중요한 판매 기능은 1:1로 대면할 때 가장 효율적이다.

요약하자면 직접 판매는 현재 미국에서, 그리고 전 세계에서 사람들의 기술 격차를 좁히도록 돕는, 우리가 가진 단 하나의 최고의 효과적인 매체이다. 경제 연금술의 여섯 번째 법칙을 아는 우리는 이것이 무슨 의미인지 안다. 즉, 직접 판매는 어마어마한 경제 가능성을 지니고 있다는 뜻이다.

> 직접 판매는 현재 미국에서, 그리고 전 세계에서
> 사람들의 기술 격차를 좁히도록 돕는,
> 우리가 가진 단 하나의 최고의 효과적인 매체이다.

### 잉여 소득(residual income)의 가치

대부분의 사람들이 상당한 양의 부를 축적할 수 있는 유일한 방법은 잉여 소득(residual income)의 또 다른 표현인 수동적 소득(passive income)을 얻는 것이다. 잉여 소득은 소득을 창출하는 일을 마친 후에도 계속해서 발생하는 소득을 의미한다. 그러니까 소득을 위한 노동을 마친 이후에도 남아 있는 소득이다.

> 대부분의 사람들이 상당한 양의 부를 축적할 수 있는
> 유일한 방법은 수동적 소득(passive income)을 얻는 것이다.

잉여 소득 흐름을 만드는 방법은 일종의 재산을 만드는 것이다. 물적 재산이든 지적 재산이든, 최초의 노동이 완료된 후에도 오랫동안 매년 꾸준히 현금 흐름을 창출하는 재산을 만들어야 한다.

예를 들어 부동산에서 상당한 부(富)를 이루기 위해 열심히 일을 한다. 자신이 원하는 정도의 재산을 만든 후에는 여기서 매달 소득 흐름이 발생한다. 이것이 '로열티(royalties)'의 원래 의미이다. 왕족(royalty, 왕이나 여왕)만이 넓은 땅을 소유하고, 거기에 거주하는 사람들에게서 그 땅에서 생산되는 잉여물을 받을 수 있는 위치에 있었다.

1989년, 나는 부동산으로 성공한 뒤 이제는 지적 재산의 세계를 탐구할 차례라고 결심했다. 나는 출판사를 설립했고, 앞으로 인터넷이라고 불리게 될 세계를 다룬 출판물에 대한 지적 재산권을 개발하고 획득하기 시작했다. 출판사는 지금 24개 국어로 번역된 다수의 잘 팔리는 책들을 출간하고 있고, 우편함을 확인할 때마다 체크가 도착해 있다. 이것이 이른바 '로열티'이다. 이것은 경제적 자유와 종속을 구분 짓기 때문에 매우 중요한 차이이다. 당신의 소득이 오로지 급여 소득으로만 구성되어 있지 않다면, 고소득 변호사나 전문의, 혹은 회사 고문과 같이 아무리 높은 임금을 받는다고 할지라도 여전히 당신은 일하는 시간에 매여 있다. 매일 처음부터 다시 시작해서 돈을 벌어야 하고, 그러한 날들을 반복해야만 한다. 일을 하지 않으면 소득도 없다.

그러나 잉여 소득 흐름은 매달, 예상컨대 평생 동안 이어진다. 이것은 일에 있어서 경제 연금술의 모범적인 사례이다. 미국 농부들이 자기 토지의 생산성을 증가시키는 방법을 배우는 것처럼 당신은 당신이 사용하는 시간의 경제적 생산성을 대폭 증가시킴으로써 앞으로 다가올 미래의 수익을 계속 발생시키는 것이다.

이것은 내가 가장 좋아하는 직접 판매의 특성이다. 모든 사람들이 소득을 발생시킬 정도의 부동산을 획득하거나 베스트셀러 책을 쓸 수는 없다. 그러나 직접 판매는 적지 않은 잉여 소득을 창출할 수 있는 기회 - 배경이나 전문화된 기술, 혹은 미수 자본 가치와 상관없이 절대적으로 누구에게나 열려 있는 - 를 제공한다.

> 직접 판매는 적지 않은 잉여 소득을 창출할 수 있는 기회
> - 배경이나 전문화된 기술, 혹은 미수 자본 가치와 상관없이
> 절대적으로 누구에게나 열려 있는 - 를 제공한다.

직접 판매에서 당신이 개발하는 '재산'은 직접 판매 사업가들의 네트워크이다. 직접 판매 사업가들의 판매량은 네트워크를 구축한 당신에게 수수료 수입을 가져다준다.

### 직접 판매 : 개인 경제 연금술

직접 판매의 훌륭한 장점 중 하나는 그 고유의 구조 때문에 당신의 삶에서 경제 연금술로서 작용하도록 만들어졌다는 점이다. 무슨 의미인지 살펴보자.

경제 연금술의 공식을 개인의 삶에 적용해 보면 부는 개인의 자원(P)과 기술(T)에 의해 결정된다는 사실을 기억할 것이다. 직접 판매는 완벽하게

지렛대 역할을 하면서 두 가지 요인을 배가시킨다. 이 공식에서 개인의 자원(P)은 사람들과 맺은 관계와 하루 중 일에 할애할 수 있는 시간이다. 직접 판매 그 자체의 구조가 - 조직 구성 방식과 당신의 수고는 물론 다른 사람들의 수고에 대해서도 보상을 받는 계층적, 다중 계층적 방식 - 개인의 자원에 지렛대의 영향을 미치는 선진 기술이다.

직접 판매 사업에서 개인의 P는 다른 사람들을 리크루트하고 훈련시킴으로써 극대화된다. 당신이 리크루트하고 훈련시킨 사람들은 각자 자기 사업을 시작하고 당신 회사의 제품이나 서비스를 사용하면서 추가적인 판매량을 창출해내며, 그 중 소량의 비율을 당신에게 지불한다. 그들은 또한 다른 사람들을 리크루트하고 훈련시키며 똑같은 과정이 반복된다. 그러므로 당신이 발전시키는 관계와 당신이 일에 투자하는 시간은 직접 판매 기술 그 자체가 갖는 상승효과에 의해 강력하게 지렛대 효과를 발휘한다. 이것은 독창적이지만 이 사업의 가장 강력한 측면은 아니다. 직접 판매의 가장 가치 있는 측면은 이 사업 자체가 개인의 기술을 강력하게 개발함으로써 부富를 창출하는 당신의 능력을 극대화시키도록 만들어졌다는 점이다.

당신 개인의 기술(T)은 재택사업을 할 때 당신이 활용하는 기술이다. 직접 판매 산업이 대부분 다른 사업 기회와 구분되는 부분이 여기에 있다. 오늘날 직접 판매에 종사하는 사람들은 신념 체계와 경영 시스템을 개발시키기 위한 훈련, 자료, 교육, 도구들(예를 들어 당신이 지금 읽고 있는 이 책과 같은)을 접할 수 있다. 이는 다른 어디에서도 찾아볼 수 없는 것이다. 고등학교나 대학에서 이러한 기술을 가르치지 않는다.

> 오늘날 직접 판매에 종사하는 사람들은
> 신념 체계와 경영 시스템을 개발시키기 위한 훈련, 자료, 교육, 도구들을 접할 수 있다. 이는 다른 어디에서도 찾아볼 수 없는 것이다.

직접 판매에서 배울 수 있는 기술에는 컴퓨터와 인터넷을 능숙하게 다루는 기술, 대중 앞에서 말하는 연설 능력, 리더십 개발, 제품에 대한 지식, 판매 방법 습득, 판매 방법 교육 능력, 일대일 의사소통 기술 개발 등등이 포함된다. 그리고 이러한 기술 기반은 당신이 하는 모든 일에서, 그것이 정규직이든 혹은 또 다른 형태의 사업이든, 당신에게 도움이 될 것이다.

직접 판매 회사들은 당신이 판매하는 제품과 서비스의 유통 - 제조, 재고 관리, 주문 과정, 회계, 배송 등 - 을 맡아서 처리하기 때문에 당신이 주로 초점을 맞추어야 하는 업무는 더 많은 고객을 찾고, 리크루트하고, 교육하는 일이다. 게다가 직접 판매 회사의 성공은 직접적으로 당신의 성공에 달려 있기 때문에 당신의 기술을 향상시키는 것이 회사로서도 이득이다. 이는 직접 판매 자체 기술의 중요한 요소이며, 대부분의 다른 사업 형태보다 탁월하게 발전할 수밖에 없다.

예를 들어 누군가 당신에게 엄청난 비용을 받고 프랜차이즈 영업권을 팔려고 한다면 - 그리고 당신은 프랜차이즈 회사에 수만 달러를 지불한다 - 그들은 이미 돈을 벌었고 위험은 당신의 몫으로 남는다. 만약 당신이 실패한다면 잃은 사람은 누구인가? 바로 당신이다.

하지만 직접 판매에서는 내가 당신을 리크루트했는데 당신이 실패한다면 잃는 사람은 나다. 당신을 리크루트하고 훈련시키는 데 투자한 모든 시간을 잃는다. 당신이 잃은 것은 스타터 킷(starter kit)을 구매하는 데 든 얼마 안 되는 돈뿐이다. 거의 모든 직접 판매 회사들은 다음과 같은 윤리 강령을 지지한다. "우리는 리크루트한 사람에 대해 돈을 지불하거나 포인트를 주지 않는다. 우리는 자신의 조직에서 실제로 제품을 전달하고 무언가를 판매했을 때 그 사람들에게 비용을 지불한다." 이 때문에 당신을 리크루트한 사람의 최고의 관심사는 구조적으로 당신이 최대한 능력을 발휘하고 훈련을 잘 받도록 하는 것이 될 수밖에 없다.

이것은 극도로 경쟁이 치열한, 회사라는 전통적인 일터에서 벌어지는, '서로 잡아먹고 잡아먹히는' 관계와는 정반대이다. 직접 판매에서 사람들이 속담처럼 하는 이야기가 있다. "다른 사람들이 성공하도록 도와야만 당신도 성공할 수 있다." 구조 자체가 그렇게 짜인 사업이기 때문에 이것은 고결한 의지의 슬로건이나 성명 이상의 의미를 가진다. 이것은 성공을 위한 실용적인 전략이다.

> **다른 사람들이 성공하도록 도와야만 당신도 성공할 수 있다.**

끊임없이 성장하는 당신의 기술(T)을 당신이 개발시키는 새로운 사업 관계(P)에 적용했을 때 어떤 일이 벌어지는지 보라. 당신은 지속적으로 새로운 사람들을 만나고 정말 다양한 사람들과 관계를 맺게 된다.

다른 사람들이 현명한 경제 선택을 하도록, 집에서 할 수 있는 사업을 하도록, 가족들과 더 많은 시간을 보내는 동시에 잉여 소득의 흐름을 창출하도록 돕는 것은, 그리고 다양한 많은 사람들을 그렇게 돕는 일은 그 자체로 금전적인 보상을 훨씬 뛰어넘는 보상을 제공한다. 그리고 직접 판매에서 경험할 수 있는 엄청난 다양성의 스펙트럼으로 인해 당신은 끊임없이 서로 다른 종류의 사람들과 일을 할 수 있는 능력을 개발시켜나간다. 이 사업의 본질 자체가 자동적으로 당신으로 하여금 당신의 기술을 개발하도록 강제한다. 그리고 당신이 가진 단 하나의 가장 중요한 기술을 개발시킨다. 바로, 끊임없이 새로운 기술과 새로운 정보를 배우고 포용하는 능력이다.

직접 판매는 당신이 더 나은 사업을 구축하도록 할 뿐 아니라 당신을 더 나은 사업가로 만든다.

# 11장
# 사업의 영적 본성

 지난 몇 년 동안 인간으로서 우리에게 진정 중요한 것, 개인의 가치에 대한 성찰과 검토를 향한 중대한 전환이 있었다. 사람들은 이를 9.11 사태 덕분으로 돌린다. 내면과 정신에 새롭게 관심을 기울이는 것은 외면 세계의 험악함과 고통에 대한 자연스러운 반응이라는 것이다. 실제로 나는 정반대라고 생각한다.

 진정으로 중요한 것, 우리의 정신적 가치에 대한 급격한 강조는 2001년 9월에 시작된 것이 아니다. 우리 사회는 이미 그런 방향으로 움직이고 있었다. 그리고 이것은 비극에 대한 반응이 아니라 성공을 향한 자연스러운 반응이다. 물질적인 목표를 많이 이루어 왔고, 우리 삶은 더욱 나아졌고, 물질적 필수품과 개인의 행복을 더 많이 보장할 수 있게 되었고, 더 중요한 문제에 관심을 가질 호사를 누릴 자유를 더 많이 갖게 되었다.

경제학은 인간의 돈에 대한 추구를 의미한다. 하지만 실제로 우리가 좇는 것은 돈이 아니다. 행복에 대한 추구이며, 인정에 대한 추구이며, 우리가 진정으로 원하는 모든 것에 대한 추구이다. 돈은 그런 것들에 도달하고, 얻고, 획득하기 위한 수단이다.

> 경제학은 행복에 대한 추구이며, 인정에 대한 추구이며,
> 우리가 진정으로 원하는 모든 것에 대한 추구이다.
> 돈은 그런 것들에 도달하고, 얻고, 획득하기 위한 수단이다.

### 돈과 삶의 의미

영성은 나의 모든 일의 토대이다. 나에게 신학과 영성, 경제학은 모든 같은 것이다. '경제학'은 우리의 삶을 개선시키는 데 도움을 준다. 인류의 위대한 종교들이 기반을 잡던 그 시대에 당신이 농부였다면, 당신은 더 많은 식량과 안전한 주거지, 아이들을 키울 수 있는 자유 시간을 더 많이 가질 수 있게 해주는 정보를 원했을 것이다.

우리의 사업가적 측면은 영적 측면과 분리되어 있지 않다. 사업가가 되는 행위는 신학적인 행위이다. 그것은 신이 당신에게 나가서 돈을 벌고 가족을 부양하는 도구를 주었다는 믿음을 의미한다. 그 믿음은 당신이 일을 잘 하면 세상은 더 살기 좋아진다는 이해를 포함한다.

> 사업가가 되는 행위는 신학적인 행위이다.
> 그것은 신이 당신에게 나가서 돈을 벌고 가족을 부양하는
> 도구를 주었다는 믿음을 의미한다.

우리는 우리의 능력 안에 있는 정신과 믿음을 활용해 모두를 위한 부富를 창조할 수 있는 세계에 살고 있다. 그러니까 이러한 법칙 - 내가 우리 경제의 신학적 기반이라고 생각하는 - 을 이해한다면 모든 사람은 나가서 자신을 위한 무한한 부富를 창조한다는 뜻이다. 더 나아가 우리는 자신이 더 많이 성공할수록 자기 자신만 부유해지는 것이 아니라 세계의 다른 모든 사람이 부유해질 수 있는 세계에 살고 있다. 오늘날의 세계는 상부상조함으로써 성공하기 때문이다.

사업가들에게 왜 그 일을 하느냐고 묻는다면 대부분 이렇게 대답할 것이다. "오, 나는 돈을 버는 일이 좋아요! 돈을 갖는 게 좋아요! 경제적으로 독립해서 가족을 부양할 수 있는 게 좋아요."

이 모든 것은 의심할 여지없이 옳다. 하지만 그들이 사무실에서 하루 종일 일하는 모습을 본다면 뭔가 다른 일이 벌어지고 있음을 알게 될 것이다. 그들은 열심히 일을 하고, 사업을 일구고, 부富를 만든다. 그리고 그들이 다른 사람들을 돕는 과정에서 기뻐하는 모습을 볼 수 있다. 모든 창조성과 산업을 가능하게 하는 것은 그들이 사람들을 좋아한다는 사실임을 알게 될 것이다.

자기 사업을 소유하고 개척해나가면서 돈을 벌고 부를 창조하는 사람들은 다른 사람들을 좋아한다. 그들은 자신의 지혜와 경험을 이제 갓 졸업한 사람들, 동료들, 고객들과 나누는 것을 좋아한다. 자신의 경험에서 나오는 혜택을 함께 나눌 수 있는 사람들과 어울리는 것을 좋아한다. 그들은 이 모든 것이 돈을 버는 일이라고 말할 것이다. 하지만 이것은 긍정적인 방식으로 다른 사람들의 삶에 관여하는 일이다. 세계를 더 살기 좋은 곳으로 만드는 일이다.

> 자기 사업을 소유하고 개척해나가면서 돈을 벌고
> 부를 창조하는 사람들은 다른 사람들을 좋아한다.

### 자신이 좋아하는 일의 가치

뜻밖의 일로 들릴 수도 있지만, 오늘날처럼 급격히 변화하는 경제에서 성공의 비결 중 하나는 자신이 좋아하는 일을 하는 것이다. 왜일까? 그것이 흡족해 하는 행복한 고객을 만드는 유일하면서도 확실한 방법이기 때문이다. 새로운 경제에서의 고객은 진정한 왕이고, 여왕이다.

고객에게 집중하는 것은 언제나 두각을 나타내는 기업을 만드는 핵심 요소였다. 21세기에 이르러 이것은 그저 좋은 생각이 아니라 필수적인 요소이다. 오늘날 고객들은 자신이 선택하려는 특정한 제품이나 서비스에 대해 매우 잘 알고 있을 뿐 아니라 거래 자체에 대한 매우 높은 기준을 가지고 있다. 고객 서비스에 대한 기대는 그 어느 때보다 높다.

새로운 사업을 시작할 때 나는 매일 매일을 이렇게 시작했다. 아침에 가장 먼저 하는 일은 우리 회사의 고객서비스센터에 고객인 것처럼 전화를 거는 것이다 (나는 온갖 종류의 이름들을 사용해서 나를 알아보지 못하게 한다)! 벨이 네 번 울릴 때까지 전화를 받지 않거나, 내 질문에 대한 답이 마음에 들지 않으면 나는 정확히 어느 부분을 개선해야 하는지 알 수 있다. 그 다음에는 앉아서 그 날 할 일에 대한 메모를 한다. 내가 이렇게 하는 이유는 그렇게 하는 것이 공급업자들이나 우리가 함께 일하는 모든 사람들의 입장을 이해하기 쉽기 때문이다. 고객과 함께 시간을 보내지 않으면 우리 사업의 현실을 놓치기 쉽다. 고객을 늘 잊지 않는 것이 당신의 사업 - 모든 사업 - 의 성공을 위한 가장 중요한 요소 중 하나이다. 그렇게 하면 다른 모든 일이 딱 맞아떨어지게 되어 있다. 매일을 소비자로서 시작하지 않았다면 경쟁력을 갖추기 힘들었을 것이다.

어떤 사업이든 다른 사람들보다 성공할 수 있게 하는 결정적인 요소는 무엇일까? 경쟁자들보다 고객을 더 행복하고 만족스럽게 만드는 것이다. 지금처럼 경쟁이 치열한 세계에서 고객들은 당신이 즐겁게 제품과 서비스를 제공하는 것을 원한다. 그렇지 않으면 다른 곳을 찾을 것이다.

당신이 일을 즐기기 위해서는 일에 관심을 가져야 한다. 관심을 가지기 위해서는 당신이 하는 일을 좋아해야 한다. 거의 모든 분야에서 큰 성공을 거두기 위해서는 자신이 하는 일을 좋아해야 한다. 당신의 고객들은 오로지 돈을 벌기 위해 제품이나 서비스를 공급하는 사람에게서 물건을 사고 싶어 하지 않을 것이다.


### 직접 판매의 정신적 가치

앞 장에서 재택의 직접 판매 사업이 갖는 실용적이고 경제적인 장점들에 대해 살펴보았다. 이미 눈치 챘겠지만 이러한 강점들은 어마어마한 개인적 생활방식의 이점이 될 수 있다.

예를 들어, 우리는 일과 가족의 균형을 유지하는 일의 어려움과, 일과 가족을 통합하는 방법을 찾는 것이 훨씬 더 수익이 높으며 실용적이라는 사실을 살펴보았다. 어떤 다른 경제 부문보다 일과 가족을 매끄럽게 하나로 연결할 수 있는 실질적인 진전을 직접 판매에서 확인할 수 있다.

직접 판매에서 내가 매우 좋아하는 부분은 이 일을 하는 사람들은 순수 사업에 대해 가르치는 만큼 실제로 정신적인 가치(이렇게 부르지 않는다고 할지라도) 또한 가르친다는 사실이다. 누군가와 1:1로 앉아 있는 행위에서 직접 판매는 다른 사람들에게 무한한 부富에 대해 가르칠 수 있는 흔치 않은 기회이다. 이것이 성공했을 때 그들은 모두를 위해 더 많은 부富를 창조하는 것이다.

애석하게도 이것은 우리 사회 환경에서 일반적인 견해가 아니다. 혼란으로 점철된 시대에 접어든 지난 몇 년 동안은 더욱 그러하다. 현재 세계가 처한 상태에 대한 비관주의와 냉소주의, 그리고 공포가 사회 도처에 암암리에 만연해 있다. 이 책의 서문에서 밝혔듯이 지난 수십 년 동안 우리가 살고 있는 세계는 점점 더 풍요로워지고 엄청난 기회를 제공하는 경제 상태에 있다는 압도적인 증거를 목도해 왔다.

그러나 사람들은 이러한 증거를 잊었고, 더 많은 좋은 소식들을 접하지 못했다 이것을 드러내는 것이 우리의 할 일이고, 직접 판매 사업가들이 거의 무의식적으로 하는 일이다. 이것은 직접 판매 자체의 제도나 기술에 이미 내재되어 있다. 직접 판매가 현재 우리 문화에 긍정적, 사회적, 정신적 힘이 되는 또 다른 이유는 포용을 그토록 강조하기 때문이다.

내가 예측하는 향후 다가올 번영은 지난 15년 동안 그랬던 것보다 더 선택적일 것이다. 바꾸어 말하면 기술 곡선에서 옳은 쪽을 선택한 사람들 즉, VHS 테이프를 만들지 않고 DVD를 만든 사람들, 말하자면 증상적 질병 치료보다는 건강과 예방에 주목한 사람들, 오래된 기술이 아닌 인터넷과 새로운 기술의 사용법을 배운 사람들, 이런 사람들의 부가 증가할 것이다.

거시경제의 그림으로 보면 모두를 위한 경제적 기회는 점점 더 늘어나고 있지만, 급격한 변화에 따라 일시적인 실업은 그 어느 때보다 더 증가할 것이며, 사회 내에서의 가진 자와 가지지 못한 자와의 격차는 완화되지 않고 점점 더 악화될 것이다.

직접 판매는 기술 전환의 시대마다 잘못된 쪽에 서 있음으로써 고통 받는 수백만의 사람들에게 매우 현실적인 해결책을 제시한다. 직접 판매 사업가로서 당신은 자신이 활용한 기회를 누구에게든 제공할 수 있다. 학위도 필요 없고, 전문적인 훈련도, 자격증이나 이력서도 필요하지 않다. 기꺼이 배우기만 하면 된다. 그러면 거기서 상상할 수 있는 가장 폭넓은 스펙트

럼의 사람들이 자영업자가 되고, 다른 사람들을 위한 지적 유통이라는 서비스를 하고, 자신의 경제적 가능성을 자각하기 시작한다. 그리고 그 과정에서 잉여 소득의 기반까지도 닦는다!

> 직접 판매는 기술 전환의 시대마다 잘못된 쪽에 서 있음으로써 고통 받는 수백만의 사람들에게 매우 현실적인 해결책을 제시한다.

다른 어떤 사업보다 직접 판매는 핵심에서 시작한다. 다른 사람들에게 그 사람들의 교육수준이나 어떤 사업, 혹은 분야에 종사하는지에 상관없이 성공하는 방법을 가르침으로써, 제품이나 서비스가 아니라 다른 사람들을 돕는 과정으로 시작한다. 이것이 내가 진심으로 직접 판매 사업이 경제적인 활동이면서 동시에 모든 측면에서 신학적인 행동이라고 이야기하는 이유다.

우리는 역사상 최초로 사람들이 의도적으로 경제학과 신학을 분리시킨 시대에 살고 있다. 사람들은 '사업을 위해 이 일을 하고, 교회를 위해 저 일을 한다.' 그러면서 사람들은 사업에서 성공하게 만드는 것은 정확하게 교회나 회당, 사원에서 배웠던 가치라는 사실을 완전히 놓치고 있다.

더욱 중요한 것은 사람들은 이 무한한 자원의 세계에 살면서 한 사람의 이익은 사회 전체, 모든 사람들의 이익이라는 경제 개념을 놓치고 있다는 사실이다. 이것은 당신이 자신의 신앙을 더 잘 이해하도록 돕는 거대한 원동력이다. 우리는 일과 신학을 분리시켜야 한다고 생각하는 시대에 살고 있다. 나는 그 두 가지를 결합해야 한다고 믿는다.

사업은 다른 사람들을 돕는 일이다. 사람들의 삶을 향상시키는 무언가를 제공하는 일을 더 잘할수록, 당신은 더 성공하게 되고, 더 많은 돈을 번다. 그것이 나에게는 하나님을 섬기는 일이다. 다른 사람들을 섬기는 일에 있어서 할 수 있는 최선을 다하는 것, 내가 아는 한 이런 원칙의 전형적인 사례는 직접 판매 밖에 없다.

> 사업은 다른 사람들을 돕는 일이다.
> 사람들의 삶을 향상시키는 무언가를 제공하는 일을
> 더 잘할수록, 당신은 더 성공하게 되고 더 많은 돈을 번다.

# 12장
# 경제 웰니스

나는 이 책에서 여러 번 직접 판매가 우리가 지금까지 살펴본 많은 동향들을 활용할 수 있는 필수적이며 귀중한 방법이라는 사실을 언급했다. 이제 이 모든 것을 종합해서 당신의 개인적인 '경제 웰니스'에 대해 살펴보기 전에 내가 이 멋진 산업과 관계를 맺게 된 과정에 대해 잠시 이야기하려 한다.

이 책의 서두에서 썼듯이 대부분의 금융 및 사업 단체들은 1990년 내가 펴냈던 책 『무제한의 부富』 - 이 책에서 처음으로 경제 연금술 이론을 내놓았다 - 에 대해 의례적인 무관심에서 노골적인 조롱에 이르는 반응을 보였다. 10년이 지나고 나의 예측들이 정확하다는 사실이 입증되면서 그러한 반응들은 분명 바뀌었다. 하지만 내가 전하는 메시지를 아주 분명하게 이해하고 즉각 반응을 한 사람들도 있었다. 직접 판매 사업가들이 그 통찰력 있는 선구자들의 무리에 포함되어 있었다. 서두에서 밝혔듯이 직접 판매 사업가들은 내가 책에 쓴 내용의 중요성을 단번에 파악했다. 나는 그들과 친해졌고, 그들이 사업을 운영하는 방식에 대해 알게 되었다. 그러나 거기서 그치지 않았다.

그 당시 나는 직접 판매 사업이라는 것을 알지 못했고, 그들에 대해 그리 높이 평가하지 않고 있었다. 나는 그들을 찾지 않았지만 그들이 나를 찾았다. 나의 이론이 그들의 경험이 옳다는 것을 완벽하게 증명했기 때문이다. 경제 연금술과 『무제한의 부富』는 직접 판매 모델을 설명하고, 이해하기 쉽게 알려주고, 분명히 밝히고, 입증했다. 직접 판매 단체의 구성원들과 계속해서 더 많이 만나고 교류하면서 그들은 나의 연구에 대해 알게 되었고, 나는 그들의 사업에 대해 알게 되었다. 그 과정에서 나는 그 사람들에 대해서도 알게 되었다.

지난 15년 동안 나는 수많은 직접 판매 사업가들 앞에서 이야기를 해왔다. 그들의 집회, 회의에서 연설을 했고, 책 사인회에서 몇 시간 동안 줄 서 있던 그들과 개인적인 대화를 나누었다. 그들의 사업 경험에 대한 이야기를 직접 들으면서 그들이 어떤 사람들이고 어떤 일을 하는 사람들인지 폭넓고 풍부하게 이해하게 되었다.

그리고 현장에서, 또한 회사에서 그 업계에 종사하는 사람들 중 개인이 오를 수 있는 최고의 자리에 오른 수백 명의 사람들을 알게 되었다. 몇 명과는 매우 친한 친구가 되어 함께 휴가를 가고, 스노보드를 타러 가고, 우리

집에 며칠씩 머무르다 가기도 했다. 나는 CEO들에게 상담을 해주었고, 디스트리뷰터들을 지도했고, 많은 회사들과 전문적인 수준에서 함께 일했고, 그뿐 아니라 직접판매협회(Direct Selling Association)에서 연설도 했다.

나의 다양한 추천, 제안, 견해들을 읽을 때(예를 들어 '직접 판매 회사를 선택하는 기준은 무엇인가?'라는 소제목 하의 내용에서) 내가 이 분야의 많은 대가들과 나눈 경험과 지혜에 대해 고마워하고 있으며, 이런 내용들을 알려준 것도 그들의 통찰력이라는 사실을 염두에 두기를 바란다.

이러한 경험들은, 스스로 자신의 경제 웰니스를 책임지고 장기적인 재정적 안정을 확립하려는, 그러면서 동시에 중요한 부휼가 무엇인지 깨닫고 실로 엄청난 많은 사람들의 삶을 풍요롭게 하는 역할까지 수행하는 수많은 사람들에게, 직접 판매가 전무후무한 기회를 제공한다는 사실을 나에게 보여주었다. 직접 판매는 이 책을 읽는 수많은 독자들이 차세대 백만장자 대열에 합류하면서 더 나은 세상을 만들게 하는 매개체이다.

> 직접 판매는, 스스로 자신의
> 경제 웰니스를 책임지고 장기적인 재정적 안정을 확립하려는,
> 그러면서 동시에 중요한 부휼가 무엇인지 깨닫고
> 실로 엄청난 많은 사람들의 삶을 풍요롭게 하는 역할까지
> 수행하는 수많은 사람들에게 전무후무한 기회를 제공한다.

**경제 웰니스의 개념**

새롭게 부상하는 웰니스 산업은 다음과 같은 새로운 패러다임을 토대로 한다.

"내일 병들 때까지 기다리기보다는, 먼저 오늘 웰니스(wellness, 건강)를 증진시키는 게 낫지 않을까? 그리고 그렇게 한다면 애당초 병에 걸리지 않을 가능성이 크게 증가할 거야."

이것은 예방 모델이다. 사후에 대응하기보다 사전에 예방하는 것이다. 그리고 지금처럼 급격한 변화의 시대에는 경제적 삶을 위해 이와 유사한 전략을 쓰는 것이 타당하다. 당신의 직업이 구시대의 유물이 되어 실업자의 대열에 합류할 때까지 기다리기보다는, 혹은 뒤에 남겨지는 기업 환경에 가만히 머물러있기 보다는 사전에 대책을 강구하는 것이 낫지 않을까?

당신이 가고자 하는 길을 막는 교통사고가 날 때까지 기다릴 이유가 무엇인가? 길이 아직 막히지 않는 지금 당장 더 좋은 길을 찾는 게 현명하지 않을까?

당신은 당신의 건강을 관리할 수 있다. 그리고 당신의 부富를 관리할 수 있다. 당신은 당신의 경제 웰니스를 책임질 수 있고, 그래야만 한다.


**어디서 어떻게 일해야 하는가?**

이 장에서 우리는 당신이 버는 돈을 지키고 투자하는 전략들에 대해 살펴볼 것이다. 그러나 이 전략들이 당신의 부富에 대해 기여하는 방식은 운동 프로그램이 당신의 건강에 기여하는 방식과 같다. 운동 프로그램은 건강을 증진시키기는 하지만 그 핵심은 아니다.

건강의 핵심은 식습관이다. 매일 무엇을 먹는가에 달려 있다. 부富의 핵심은 일이다. 매일 무슨 일을 하는가에 달려 있다. 부富를 지배하고 차세대 백만장자가 되기 위해서는 반드시 당신이 매일 일하는 데 할애하는 시간을 최대한 생산적인 일에 투자해야 한다.

당신의 일은 새롭게 부상하는 산업에 해당하는가? 혹은 어떤 식으로든 새롭게 부상하는 산업에 기여하거나, 서로 상호작용하거나, 혹은 그로부터 이익을 취하는 일인가? 예를 들어 당신이 회계사라면, 엄청난 성장을 할 준비를 갖춘 특정한 산업에 종사하는 고객들에게 좀 더 초점을 맞추는가?

당신은 당신의 기술 격차를 얼마나 잘 관리하는가? 당신의 일을 새롭게 더 잘하는 방식을 끊임없이 모색하고 있는가? 당신의 산업에 대한 새롭고도 더 뛰어난 최신 정보의 원천을 끊임없이 찾고 있는가? 그리고 최대한 많이 배우고 많은 정보를 습득하기 위해 꾸준히 노력하는가? 사업을 구축하는 방법으로 인터넷을 충분히 활용하고 있는가? 잠재고객을 찾고, 그들에게 정보를 주고 교육하는 방법으로 인터넷을 충분히 활용하고 있는가? 세계에서 그리고 국내에서 당신의 사업에 영향을 미칠 최신 개발품에 대한 정보를 얻는 방법으로 인터넷을 충분히 활용하고 있는가? 당신의 사업은 당신이 지적 유통 - 고객에게 아직 그들이 모르고 있는, 그들의 삶의 질을 향상시킬 수 있는 새롭고 더 좋은 제품에 대해 알려주는 - 의 역할을 수행할 수 있게 하는가? 당신의 개인적 경제 연금술은 어떠한가?

당신을 신뢰하는 사람들, 당신이 전화를 했는데 통화하지 못했을 경우

다시 전화를 걸어오는 사람들에 대한 완벽한 목록을 가지고 있는가? 그렇지 않다면 이번에 앉아서 목록을 작성해보는 것도 좋을 것이다. 이 목록은 당신 개인의 자원, 즉 경제 연금술 공식에서 P에 해당한다. 과거의 백만장자들의 부를 축적하는 기반이 되었던 땅이나 금, 철강, 석유와 같은 자산이다. 당신의 기본 능력(읽기, 쓰기, 말하기, 계산하기, 정보 처리하기) 중 향상시킬 수 있는 영역이 있는가?

지금까지 익혀온 전문 기능 즉, 실용적인 기능들은 어떠한가? 지금까지 익혀온 기능들을 목록으로 만들고, 하나하나 살펴보라. 이 기능들을 적용해서 당신의 부를 축적하는 능력을 배가시킬 수 있는 새롭고 창조적인 방법이 있는가?

당신은 좋아하는 일을 하고 있는가? 목록을 만드는 것은 앉아서 당신의 열정, 힘, 그리고 경험들을 하나하나 곰곰이 생각해볼 수 있는 좋은 시간이다. 당신이 가장 즐겁게 할 수 있는 일은 어떤 종류의 일인가? 과거에 했던 일들 중 가장 좋아했던 일은 무엇인가? 어떻게 하면 당신이 가장 좋아하는 일을 사업으로 연결시킬 수 있을까? 일을 할 때 당신이 찾을 수 있는 최고의 기술을 사업의 자원들에 적용해서 생산성을 극대화하고 있는가?

예를 들어 당신이 직접 판매 사업에 종사하고 있다면 경제 연금술의 공식은 성공에 결정적이다. 많은 직접 판매 사업가들이 이 중요한 사실을 놓치는 바람에 열심히 일을 하고도 결국에는 성공하지 못한다. 반면 엄청난 성공을 거둔 사람들은 이 공식을 완벽하게 이해하고 적용한다. 어떻게 했을까?

예를 들어보자. **당신의 성공을 결정하는 것은 얼마나 많은 디스트리**

뷰터를 모집했는가에 달려 있지 않다. 디스트리뷰터 개개인의 생산성에 달려 있다. 바꾸어 말하면 기술을 얼마나 잘 적용해서 당신이 모집한 디스트리뷰터를 잘 훈련시키고, 정보를 주고, 준비를 갖추게 했느냐가 모집한 사람의 수 자체보다 훨씬 더 중요하다. W=PxT라는 공식에서 당신이 모집한 디스트리뷰터의 숫자는 P이다. 그러나 그들을 얼마나 잘 훈련시키고 준비 갖추게 했는가 하는 것은 T이다.

또 다른 예를 들어보자. 직접 판매 사업에 일주일 중 얼마나 많은 시간을 투자했느냐에 당신의 수입이 결정되는 것이 아니다. 그 시간들을 어떻게 활용하느냐에 달려 있다. 일주일에 40시간을 리크루트에 투자할 수 있지만, 그보다 그 시간의 절반만 리크루트에 투자하고 나머지를 고급의 훈련과 도구 구축에 투자했을 때 훨씬 더 많은 부를 창출할 수 있다.

### 언제 지금 하는 일을 그만두어야 할까?

오늘날, 그리고 내일의 경제 상황에서 새로운 부를 창출하는 강력한 흐름에 분명히 합류하기 위해서 할 수 있는 최고의 방법 중 하나는 개인 사업가나 독립적인 계약자가 되는 것이다.

몇 년 전 나는 『해고되기 전에 그만두어야 할까?』라는 책을 썼다. 그 책에서 제목에 대한 나의 답은 대체적으로 '그렇다!'이다. 좀 더 구체적으로 조언하자면, **당신이 가진 기술을 활용하고 지렛대 효과를 발휘해서 최대한의 수익을 낼 수 있는 분야에서 항상 일을 해야 한다.**

직장을 그만두고 새로운 일자리로 옮기거나 직업을 바꾸기에 적당한 때를 어떻게 알 수 있을까? 모두에게 딱 맞는 공식은 없지만 내가 항상 따랐던 공식이 있다. 내 이력서를 보면 약간 특이한 부분이 있는데, 나는 매 3~5년 마다 새로운 직업에 착수했다. 내가 다른 직업으로 옮겨야 할 때라는 것을 어떻게 알았을까?

나는 이것을 '51% 법칙'이라고 부른다. 나는 사람들에게 일과 관련되어 보낸 시간에 대해 기록하라고 조언한다. 집에서 일을 했거나 사무실에서 일을 했거나, 아니면 둘 다이거나, 두 가지 범주로 분류해서 일한 시간을 기록한다. 새로운 것을 배우는 데 보낸 시간과 이미 아는 일을 하는 데 보낸 시간으로 나누는 것이다. 새로운 일을 하는 첫날, 일하는 시간의 100%를 모두 일을 배우는 데 쓸 확률이 높다. 그 다음날은 95%의 시간을 배우는 데 쓸 것이다. 어제 배웠기 때문에 일부 업무는 이미 알고 있기 때문이다.

3개월쯤 지났을 때, 업무의 30%는 이미 배운 것이고, 70% 정도는 여전히 배우는 중이다. 그리고 일주일이 지난 뒤 70%가 85%로 올라간다. 사장이 당신이 익혀야 할 새로운 컴퓨터 시스템이나 프로그램을 도입하거나 당신에게 새로운 업무를 배치했기 때문에 배워야 할 업무량이 다시 늘어났기 때문이다. 6개월 후, 8개월 후, 혹은 1년이나 그 이상의 시간이 흐른 어느 시점에 이르면 당신은 업무 시간의 절반은 이미 알고 있는 일을 처리하는 데 보내게 된다. 그때가 그만두어야 할 때이다.

다시 말해, 나는 언제나 적어도 51%의 시간을 새로운 일이나 기술을 향상시키는 데 사용하는 일을 해야 한다고 권고한다. 왜냐하면 그것이 개인의 기술에 투자하는 시간이기 때문이다. W=PxT를 기억하는가? 51% 법칙에 따르면 당신은 항상 T를 키워야 한다. 즉, 당신은 항상 새로운 부 富를 창출하는 당신의 능력을 향상시켜야 한다.

직원이 업무 시간의 절반을 반복에 불과한 지루한 일을 하는 데 쓰고 있는 일이라면, 사실 어떤 식으로든 내리막길을 걷고 있는 일이다. 성장하고 배우고 적응하고 변화하지 않는 사업에 더 이상의 시간을 투자할 필요는 없다. 기술은 너무나 빨리 발전하고 있다.

### 직접 판매 회사를 선택하는 기준은 무엇인가?

당신이 파트타임으로 직접 판매 사업을 하기로 했다고 치자. 수백여 개의 회사들 중에 당신에게 맞는 회사를 어떻게 선택할까?

- 가장 중요한 요소

직접 판매에서 얼마나 성공할지를 결정하는 가장 중요한 한 가지 요소는 다행스럽게도 완벽하게 당신이 조절할 수 있는 것이다. 그 요소는 바로 '당신'이다.

> 직접 판매에서 얼마나 성공할지를 결정하는
> 가장 중요한 요소는 바로 당신이다.

직접 판매 산업의 가장 흥미롭고 강력한 특징 중 하나는, 다른 어떤 사업보다 당신이 받을 수 있는 보상이 당신이 하는 노력의 질에 직접적으로 비례한다는 점이다. 이것은 물론 양날의 검이다. 한편으로는 임의적이고 독단적이거나 불공정한 한계가 주어지지 않는다는 뜻이다. '유리 천장' 즉, 성공하기 위한 차별적인 기준이 없다. 진정으로 공평한 경쟁의 장이며, 모두에게 기회가 열려 있다. 반면, 당신이 진정한 사업가가 되어야 한다는 뜻이기도 하다. 당신이 직접 하지 않는다면 어떤 일도 저절로 이루어지지 않는다!

얼마나 많이 일을 하는지, 얼마나 열심히 일을 하는지, 무엇보다 특히 얼마나 똑똑한지가 이 사업에서 당신이 성취할 수 있는 부富의 수준을 결정하는 제1요소이다. 당신 이외에, 직접 판매에서 성공할 수 있는 가장 중요한 세 가지 요인은 제품이나 서비스의 유형, 회사의 힘과 회사가 제공하는 경제적 기회, 그리고 당신이 함께 일하는 팀이다.

● 제품 / 서비스

직접 판매의 가장 기본적인 법칙은 이것이다. **당신은 당신이 판매하는 제품이나 서비스를 절대적으로 사용하고 믿어야 한다.**

앞에서 보았듯이, 직접 판매는 특히 '정보가 풍성한' 제품과 서비스에 적합하다. 다시 말해 스토리가 있는 제품에 적합하다. 가장 성공적인 직접 판매 제품들은 월마트에서 판매할 때는 별로 잘 팔리지 않았던 경우가 많다. 사람들이 잘 모르는 제품들이기 때문이다. 이 제품을 위한 시장을 만들어내기 위해서는 엄청난 양의 정보가 필요하다. 그리고 이러한 정보는 텔레비전이나 잡지 광고와 같은 수동적인 정보 매체를 통해서도, 심지어는 인터넷을 통해서도 제대로 전달되는 종류의 정보가 아니다.

> 당신은 당신이 판매하는 제품이나 서비스를
> 절대적으로 사용하고 믿어야 한다.

이것은 사람 대 사람끼리 소통했을 때 가장 잘 전달되는, 일종의 패러다임을 전환하고, 또한 삶을 향상시키는 정보이다. 그렇기 때문에 직접 판매를 통했을 때 가장 효과적이다. 직접 판매의 본질은 1:1 대화로, 제품의 가치의 유효성에 대한 당신 개인의 믿음이 필수적이다. 매우 뛰어난 리트머스 시험은 바로 이것이다. 당신 자신에게 "이 제품의 판매 조직에 속해 있지 않은 상태에서 나라면 이 제품이나 서비스를 구매할 것인가?"라고 물었을 때 그 대답이 "아니오"라면 그 사업에 대해 재고해 보아야 한다.

웰니스 영역의 직접 판매 회사들은 아주 많지만, 그 외에도 선택의 여지는 많다. 나는 앞에서 직접 판매 조직을 통해 교육용 소프트웨어 제품을 성공적으로 판매했던 적이 있다고 언급했었다. 웰니스부터 교육용 제품, 가정용 제품, 금융 및 법률 서비스에서 보험, 화장품, 의류 등 모든 종류에 이르기까지 직접 판매 회사들은 상상할 수 있는 모든 제품이나 서비스를 제공한다. 위대한 사업가인 W. 클레멘트 스톤 W. Clement Stone이 한 유명한 말이 있다. "사람이 꿈꾸고 믿을 수 있다면, 그것을 이룰 수도 있다." 지금

만약 당신이 상상하는 무엇가가 있다면, 어디에선가 직접 판매 회사가 그것을 판매하고 있을 것이다!

동시에 선택의 폭은 사치스러울 정도로 넓다. 당신의 야망에 가장 잘 부합하는 제품이나 서비스를 찾을 때, 모든 대상 제품들을 경제 연금술과 오늘날의 급속히 변화하는 환경과 폭발적인 기술 발전이라는 척도에 맞추어 점검해 보라. 그저 다른 제품들과 '별 다를 것 없는' 미투(me-too) 제품(잘 나가는 제품을 그대로 모방해 만든 제품)에 불과한가, 아니면 최첨단의 제품, 혹은 서비스인가? 무언가 구별되는 새롭고 독특한 측면이 있는 제품인가? 무언가를 하는 새롭고 더 나은 방식인가? 사람들의 삶을 향상시켜주는가?

● 회사와 기회

직접 판매 사업가는 회사와 매우 특별한 관계를 맺을 수 있다. 안정적인 회사와 함께 일함으로써 누릴 수 있는 많은 혜택과 함께 자영업자가 누릴 수 있는 혜택도 모두 누릴 수 있다. 직접 판매 사업가로서의 당신은 회사의 고용인이 아니고 독립적인 계약자이다. 예를 들어 당신의 수입은 W-2(급여소득)가 아닌 1099(기타 소득)로 신고되며, 소득세나 연방보험기여법(FICA)에 의한 세금을 징수하지 않는다. 순수 수수료 소득으로 계산되는 것이다. 또한 당신은 완벽하게 자율적인 지위를 갖는다. 말 그대로 스스로가 자신을 고용한 사장이 되는데, 이는 직접 판매 사업가들이 그토록 장점으로 내세우는(실제로 큰 장점이다) '자유'라는 혜택이 엄청나다는 의미이기도

하다. 자신의 개인 시간, 일하는 방식, 언제 일할지, 누구와 일할지 등을 자유롭게 조정할 수 있다.

직접 판매 사업가들은 또한 '혼자가 아니라 스스로 일하는' 사업이라고 말하기를 좋아하는데 이것 역시 사실이다. 고용된 상태가 아니긴 하지만 당신의 사업은 회사와의 동반자 관계에 크게 좌우된다. 회사는 제품을 생산하거나 서비스를 제공할 뿐 아니라, 웹사이트나 무료 상담전화를 통해 주문을 받고, 처리하고, 수수료와 보너스를 지급한다. 또한 회사는 조사, 신제품 개발, 홍보 자료 준비 및 배포, 현장 훈련, 실행계획 지원, 그 외의 여러 가지 형태로 엄청난 지원을 제공한다.

### 회사를 선택하는 것은 동업자를 선택하는 것과 같다.

요컨대, 회사를 선택하는 것은 동업자를 선택하는 것과 같다. 당신은 미래의 동업자를 어떻게 평가할 것인가? 명백히 수준 이하인 회사와 합법적이고 매우 견고한 회사를 구분할 때 도움이 되는 기본적인 특징들이 있다. 예를 들어, 합법적인 회사들의 경우 사업 초기비용이 소액이며, 재고품이나 재료 구매는 선택할 수 있다. 모든 수입은 제품과 서비스를 최종 사용자에게 실제로 판매한 매출을 기반으로 한다. 다시 말해 리크루트('헤드헌트' 수수료) 활동 자체로는 돈을 벌 수 없다. 그리고 제품 환매 정책이 있어서 회사는 팔리지 않은 - 손상되지 않은 - 제고품의 반환을 허용한다. 구매하고 나서 6개월에서 12개월이 지난 제품의 경우, 지불한 가격의 90%를 돌려받을 수 있다.

이러한 기본적인 기준에 대해 더 자세한 정보는 직접판매협회(www.dsa.org) 홈페이지를 참고하라. 직접 판매 회사들을 대표하는 교역 단체인 직접판매협회(DSA)는 협회에 가입한 회사들의 목록을 발간한다. 협회에 가입한 모든 회사는 DSA 윤리 강령을 유지하고 준수할 것은 서약한다.

이런 기본적인 기준들 외에도 회사의 주역들의 배경, 경험 장점을 가늠하고 싶을 것이다. 그들의 실적은 어떠한가? 이 회사가 얼마나 오랫동안 사업을 해 왔고, 이전에 어떤 사업을 운영했는가? 직접 판매는 세계적인 확장에 아주 적합한 매개체이다. 현재 회사는 국제적으로 얼마나 알려져 있고, 향후 세계적인 확장을 위한 계획은 무엇인가? 최고의 정보와 훈련, 교육 제공을 위해 얼마나 열심인가? 직접 판매의 최고의 장점 중 하나는 당신을 개별적으로 개발시키고 당신의 기술의 폭과 깊이를 발전시키는 정도가 매우 크다는 점이다. 회사의 기술 격차는 무엇인가? 회사는 최신의 최고의 기술을 사용하는가? 인터넷 활용을 잘하는가?

회사의 인쇄물과 오디오 비디오 자료들에 더하여 홈페이지를 통해서도 많은 정보들을 찾아볼 수 있다. 함께 일할 회사를 결정하기 전에 회사에서 발행하는 자료들도 살펴보지만, 정보들을 확인하고 최대한 다양한 시각을 갖추기 위해 그 회사와 직접적으로 연관된 경험이 있는 사람들과 이야기를 해보는 것이 좋다.

명심하라. 당신은 단순히 공급업자와 제휴를 하는 것이 아니라 동업자를 선택하는 것이다.

● 팀

　실제로 직접 판매 조직은 장인, 예술가, 사업가들이 수 세기 동안 활용해 온 스승-문하생(mentor-apprentice) 모델과 매우 유사한 형태로 성장한다. 당신을 직접 판매 조직으로 리크루트한 사람, 혹은 사람들은 오리엔테이션, 교육, 훈련, 안내의 역할을 담당한다. 다시 말해 당신에게 일을 어떻게 해야 하는지 전반적으로 보여준다.

　당신을 직접 리크루트한 사람은 당신의 활동에서 경제적 이익을 얻지만, 혜택은 거기서 멈추는 것이 아니다. 그 사람을 리크루트한 사람 또한 당신의 조직이 커나가면서 올리는 매출에서 보상을 받고, 그를 리크루트한 사람도 보상을 받고, 이런 식으로 몇 세대를 걸쳐 올라간다. 결국 당신이 최고의 훈련을 받음으로써 이익을 얻는 독립적인 디스트리뷰터 팀은 소수의 사람들로 구성된다. 이 사람들이 회사직원들보다 당신을 전면에서 더 많이 도와줄 동업자 팀이다. 당신이 철저하게 훈련 받기 위해서는 회사와 함께, 이 팀이 얼마나 헌신적으로 일하는지도 평가해야 할 것이다. 그들의 기술, 실적, 기술 활용도 등은 어느 정도인가?

　그들은 성공했는가? 당신을 리크루트한 사람이 당신이 추구하는 정도의 부富를 이미 이루었는지는 필수 조건이 아니다. 어쨌든 그 사람도 당신보다 겨우 며칠, 몇 주, 혹은 몇 달 먼저 이 조직에 참여했을 것이다. 하지만 이 조직 안의 누군가가 당신이 하려는 일로 이미 성공을 이루었는지를 아는 것은 도움이 된다. 이미 조직에 들어온 사람들 중에 당신 보다 앞서 그 특정한 회사에 참여한 사람들 중에, 당신이 꿈꾸는 재정적인 목표를 이미 성취한 사람이 있는가?

● 최종 기준

제품이나 서비스, 회사와 팀을 제대로 선택하기 위해 최선을 다하는 것도 중요하지만, 한번에 '완벽한 기회'를 결정할 필요는 없다. 세상에는 당신이 선택할 수 있는 수십, 수백 개의 회사들이 있고 당신에게 잘 맞는 환경을 찾을 수 있는, 합리적인 정도의 상당한 주의를 기울인 사전조사를 해야 한다. 그 후에는 일에 착수하고, 배우고, 사업을 구축해 나간다. 얼마나 오래 해야 하는가? 여기에 최종 기준이 있다.

직접 판매 업계에서는 '평범한 사람들'이 엄청난 경제적 부富를 이룬 사례가 너무나도 많기 때문에, 사업을 새로 시작한 사람들은 때로는 단기간 안에 엄청난 수입을 이루어야 한다는 잘못된 생각을 가지고 시작하기도 한다. 이것은 이루어질 가능성이 낮은 기대일 뿐 아니라 현명하지 못한 생각이다.

원숙하고도 견실한 직접 판매 회사의 특징 중 하나는, 회사 직원이든 디스트리뷰터든 그 회사의 일을 하는 사람의 수입에 대해, 적정한 정도의 시간 동안 열심을 다했을 때 얻을 수 있는 합리적이며 진지한 결과라고 이야기한다는 것이다. 바꿔 말하면 '단기간 안에 부자가 되는' 수단이 아니라는 것이다. 그러나 부자가 되는 수단이라는 것은 거의 확실하다.

그렇다면 얼마의 기간이 소요되는가? 물론 딱 잘라서 말할 수는 없지만 대부분 책임 있는 직접 판매 사업가는 1년에서 몇 년 동안 합당하게 꾸준히 노력을 기울인다면(대개 파트타임으로), 의미가 있는 정도의 장기 잉여 소득의 흐름이 되는 기반을 만들 수 있다고 이야기할 것이다.

　상황에 따라, 개인에 따라 세부사항이나 구체적인 내용은 다를 것이다. 그러나 원칙은 누구에게나 똑같이 적용된다. 견실한 직접 판매 회사를 판단하는 최종 기준은 사업가의 자세로 성실하고 진지하게 그 일에 투자하는 당신의 헌신이다. 그에 대한 보상은 충분히 받을 만한 가치가 있다.

### 어디에 투자해야 하는가?

　직접 판매 사업에서 프리랜서로서 당신의 기술을 제공하든, 혹은 또 다른 형태의 사업을 시작하든 자신의 사업을 구축하는 데 당신이 아무리 뛰어난 수완을 가지고 있다 하더라도, 수입에 관해서는 '영원한 것은 없다'라는 격언만큼 확실한 진리는 없다. 이것은 너무나도 확실하다. 기술 변화의 속도가 극도로 가속화되고 시장 전환과 변환이 따라잡을 수 없을 만큼 너무나도 급속한 이 시대에, 돈벌이가 되는 형태의 일자리(자영업일지라도)를 선택하고, 소득 흐름이 평생 지속되기를 기대하는 것은 불가능하다. 세상은 너무나도 빨리 변화하고 있다. 그 어느 때보다 당신이 얻은 것을 어떻게 투자하느냐가 경제 웰니스에 매우 중대한 영향을 미친다.

　투자하는 방법은 많고, 또한 저마다 장단점이 있지만, 이 책의 목적은 그런 방법들에 대한 포괄적인 통찰이나 조언을 하기 위한 데에 있지 않다. 나는 당신의 **투자 우선순위**를 정하기 위한 일련의 지침을 제공하고자 한다.

　투자에는 세 가지 광범위한 종류가 있다. 중요도의 순서대로 나열하자면 자기 자신에 대한 투자, 안전에 대한 투자, 그리고 성장에 대한 투자이다.

● 가장 중요한 투자

가장 중요한 투자는 자기 자신에 대한 투자이다. 다른 것에 투자하기 전에 먼저 자기 자신의 사업에 가능한 투자를 다 하라. 왜? 두 가지 이유가 있다.

> 다른 것에 투자하기 전에 먼저
> 자기 자신의 사업에 가능한 투자를 다 하라.

첫 번째 이유, 자기 자신의 사업에 투자를 하기 때문에 잃을 수가 없다. 잃는 순간에도 얻는다. 그러니까 이런 것이다. 주식 시장에 5천 달러를 투자했다가 그 5천 달러를 잃으면 그것은 그냥 사라지고 마는 돈이다. 끝! 그러나 같은 5천 달러를 당신의 사업에 투자한다면 어떻게 될까? 당신이 새 기계를 샀 다고 치자. 또는 새로운 소프트웨어 프로그램이나 책, CD, DVD 같은 마 케팅 자료, 또는 자기 자신을 위한 훈련 프로그램, 혹은 둘 다에 돈을 투자했다고 치자. 그렇다면 두 가지 일이 발생할 것이다.

첫째, 투자는 결실을 맺는다. 사업의 수익능력은 증가하고 당신은 5천 달러 이상의 이익을 올린다. 새로운 수준, 혹은 그보다 높은 수준의 성장이 이루어질 향후 몇 년을 감안하면 그보다 훨씬 많은 수익을 올린다.

둘째, 결실을 맺지 못한다. 기계가 광고처럼 작동하지 않는다. 훈련 프로그램 이수를 신청하지 않는다. 어떤 이유에서든 돈을 잃는다.

하지만 당신은 그 과정에서 무언가를 배운다. 우리는 돈이나 다른 무언가를 잃으면, 멈춰 서 생각하고 분석한다. 다음에 같은 상황에 직면하게 되는 경우나 유사한 투자에 대해 고려하는 것을 조심하게 된다. 사업에서는 돈을 잃지만 경험적인 측면에서는 더 많은 것을 얻게 되어 다음 해, 그 다음 해, 그리고 남은 평생 더 많은 돈을 벌 수 있다.

우리는 좋은 선택보다는 주로 실수라는 경험을 통해 배운다. 좋은 선택도 물론 좋은 경험이다. 좋은 선택을 통해서도 발전하지만 실수를 했을 때만큼 많이 배우는 경우는 없다. 그리고 우리가 겪은 경험은 거의 언제나 그 이상의 가치를 가지며, 실제로 장기적인 관점에서 달러로 환산하면 잃은 돈 이상의 가치가 있다.

자기 사업에 투자하는 것이 가장 중요한 투자가 되는 두 번째 이유는, 이 책의 조언을 따르면 장래에 꾸준한 잉여소득을 제공하는 사업을 구축할 것이기 때문이다. 직접 판매 사업이든, 부동산 자산이든, 지적 자산이든 (책을 쓰는 것과 같은) 그것을 탄탄히 구축하기 위한 초기 업무를 완료한 뒤에도 꾸준히 수입을 발생시키는 사업 자산을 만들어놓는다면 당신은 아마도 남은 평생 잉여 소득을 벌어들이게 될 것이다. 그리고 잉여 소득 구축에 투자한 돈은 그 무엇보다 가장 현명한 투자이다.

● 안전에 대한 투자

자기 자신과 자신의 사업에 투자한 뒤, 당신이 번 돈의 일부를 미래를 위해 보존하는 방식으로 투자하고 싶다면, 바꾸어 말해서 당신이 번 돈을 안전하게 지키고 싶다면, 과세 유예 매개체에 투자하라.

이것은 많은 사람들이 투자를 할 때 놓치는 부분이다. 사람들은 "수익률이 높은 곳에 투자해야지"라고 생각한다. 하지만 여기서 수익률은 세금을 공제하고 난 후의 가장 높은 수익률이다. 그래서 나는 401k, 개인퇴직금계좌(IRA), 건강보험계좌(HAS), 그리고 다른 가능한 과세유예 매개체를 최대한 활용할 것을 추천한다.

이 매개체들은 공통점을 가지고 있다. 당신이 투자하는 돈은 해당 연도의 총수입에서 공제된다. 그래서 그 부분에 대한 소득세를 내지 않는다. 이것은 당신이 다른 곳에 세금을 내고 나서 투자를 할 때의 금액의 두 배까지 투자하는 것과 같은 효과이다.

당신의 상황에서 가능한 과세 유예 매개체의 목록을 작성하고, 그 계좌에 가능한 모든 돈을 비축해 두라. 이런 계좌들에 비축해 둔 2~3만 달러는 당신이 일하는 동안 금세 수백만 달러로 축적될 것이다.

사람들은 종종 나에게 "부자가 되는 사람의 특성이 뭐죠? 내 아이들이 성공하고 부자가 되게 하기 위해 가르칠 때 가장 중요한 게 뭐죠?"라고 묻는다. 나는 재정적 성공을 위한 단 하나의 가장 중요한 특성 혹은 성격은 일을 할 때의 특성이 아니라 영적인 것 즉, '자발적인 만족 지연 능력'이라고 대답한다.

> 재정적 성공을 위한 단 하나의 가장 중요한 특성은
> 자발적인 만족 지연 능력이다.

이것은 저축의 본질이다. 저축은 사람과 동물을 구별해준다. 모든 동물처럼 사람도 즉각적인 만족을 바란다. 우리는 음식, 행복, 성, 기쁨을 원한다. 문명의, 보다 영적인 존재가 되는 일의 본질은 다음과 같이 말할 수 있다는 데 있다. "미래에 더 큰 것을 얻고자 하는 나의 욕망은 즉각적인 만족 욕구보다 더 강하다. 나는 돈이 있지만, 술을 마시거나 낭비하거나 휴가에서 다 써버리지 않을 것이다. 나는 이 돈을 저축해서 내 가족이 미래에 더 나은 삶을 누리게 할 것이다."

성공한 사람들에게서 항상 공통적으로 발견하는 것은 자신이 번 돈을 즉각 써버리지 않고 의식적으로 미래를 준비하기 위해 스스로를 규제할 줄 아는 능력이다. 이것은 일종의 믿음이다. 오늘 자제를 하는 특정한 행위를 함으로써 더 나은 미래를 만들 수 있다는 믿음이다. 사실 이것이 내가 만났던 모든 성공한 사람들에게서 찾을 수 있었던 유일하게 보편적인 특징이다.

당신이 회사를 다니면서 제2의 사업가로서의 소득의 흐름을 만들어내고자 계획하고 있든, 아니면 이미 완전히 사업가로서 독립을 했든, 당신의 수입에 갑작스럽게 예상치 못했던 변화가 생겼을 때를 대비해 1~3년 동안 당신과 가족을 부양할 수 있는 대안이 필요하다.

내가 씨티뱅크에서 일하는 5년 동안 성공적으로 일을 할 수 있었던 이유는 부분적으로, 처음 6개월 동안 월급의 상당한 부분을 저축해서 해고를 당하더라도 6개월 동안 다른 일자리를 구하면서 먹고 살기에 충분하다는 사실을 알았기 때문이었다. 이것은 나에게 자신감을 주었고, 그래서 나는 위험을 감수할 수 있었다. 만약 저축이 없었더라면 그런 위험 - 실패하면 완전히 망할 수 있었지만 결국에는 승진과 더 많은 기회를 가져다 준 - 을 감수하지 않았을 것이다.

과거에는 직장에서 받는 월급을 일종의 연금이라고 생각했다. 매년 계속해서 나올 것이라고 믿었다. 이것은 더 이상은 유용하지 않은 한물간 관점이다. 이제는 자금을 과세 유예 매개체에 비축해서 수입에 대한 세금을 내지 않는 것이 유용한 방법이다.

● 가장 영리한 주식 투자

이미 자기 사업에 확고하게 투자를 하고 있고, 과세 유예 매개체를 잘 활용하고 있어서 이제 남은 소득을 주식 시장이나 제3자회사에 투자하고 싶은가? 나는 이렇게 조언한다. 꽤 많은 돈을 번다면 그렇게 하는 것이 맞다. 그리고 주식 시장에서 돈을 벌 수 있는 실제적이고 유일한 방법은 다른 사람들보다 우위를 점하는 것이다. 즉, 다른 사람들이 모르는 지식을 알고 있어야 한다.

한 가지 합법적이고 윤리적인 방법은 개인적인 경험상 당신이 알고 있는 사업을 하는 기업에만 투자하는 것이다.

> 개인적인 경험상 당신이 알고 있는 사업을 하는 기업에만 투자하라.

여기서 지식은 야후 Yahoo나 「월스트리트저널 Wall Street Journal」, 「뉴욕타임스 The New York Times」에서 읽은 지식이 아니다. 그것은 누구나 다 가지고 있는 정보다. 당신이 특정한 분야에서 일하면서 얻은 지식, 그 특정한 분야의 제품과 서비스에 대해 당신이 훤히 알고 있는 지식을 의미한다. 당신은 이런 사업에 대해 직접 현장에서 관찰했기 때문에 증권가의 전문가들보다 더 잘 알고 있다. 그리고 궁극적으로 증권가에서 파악하는 회사의 가치는 실제 현장의 가치에 의해 결정된다.

예를 들어 당신의 직업이 검안사인데 투자를 하고 싶다고 하자. 먼저 당신이 일을 하면서 사용하는 모든 기계들의 목록을 작성하라. 그리고 주가를 추적하라. 당신은 그 기계들이 좋은지 나쁜지, 혹은 계속해서 잘 팔릴지 알 것이다. 월스트리트의 사람들이 연차보고서를 종합해서 연말 이후에 알게 될 사실을 당신은 이미 알고 있는 것이다. 당신이 일하는 산업에서 당신이 사용하는 제품들을 만드는 회사들의 명단을 작성하라. 그 회사들이 얼마나 잘 운영되고 있는가? 어느 회사가 더 잘 운영되고 있는가? 여기에 당신만의 우위가 있으며, 당신은 이런 정보를 활용해야 한다. 당신의 돈을 "나는 투자를 할 수 있고, 당신에게 더 많은 돈을 벌게 해줄 수 있습니다"라고 말하는 누군가에게 맹목적으로 맡길 이유가 없다. 당신 스스로 해야 한다.

### 왜 일을 하는가?

이 책에서 나는 우리가 일을 하는 이유, 돈을 벌고 부富를 창출하는 것 이상으로 일에서 얻을 수 있는 혜택의 전반에 대해 다루었다.

예를 들어 우리는 문제를 해결하는 일에 참여하는 과정에서, 사업을 하는 과정 그 자체에서 무언가를 배운다는 것을 안다. 우리는 기술을 배우고, 그렇게 함으로써 배우는 능력 자체를 갈고 닦는다. 우리 자신을 위한 규칙도 만들었다. 즉, 새로운 것을 배우는 데 업무 시간의 절반 이하를 쓰는 자신을 발견하는 순간이 미지의 세계로 발걸음을 옮겨야 하는 때이다!

우리는 오늘의 상당한 소득 흐름을 만들 수 있을 뿐 아니라 잉여 소득, 혹은 '수동적인' 소득의 기반 또한 마련할 수 있다는 것을 안다. 잉여 소득은 시간을 돈으로 바꿔야 하는 상태에서 이윽고 우리를 해방시켜줄, 끊임없이 생성되는 부富의 원천이다.

그리고 우리는 재택 사업을 활용해서 일과 가족을 끊임없는 전쟁이나 거래, 타협의 관계가 아니라 하나로 통합하여 일과 가족 양 측면에서 보다 풍성한 경험을 만들어낼 수 있도록 전환하는 방법을 안다.

최고의 사업 전략 중 하나는 우리가 좋아하는 일을 하는 것이고, 사업은 우리의 열정과 최고의 가치의 표현이라는 점을 안다.

우리가 일을 하는 개인적인 이유들을 능가하는 또 다른 이유가 있다. 나는 개인적으로 이것이 우리의 가장 고상하고 강인한 이유라고 믿는다. 우리는 더 나은 세상을 만들기 위해 일을 한다.

> **우리는 더 나은 세상을 만들기 위해 일을 한다.**

요즈음 공동체의 쇠퇴에 대한 이야기를 많이 듣는다. 이 책의 서두에서 다루었던 경제 비관주의처럼 나는 이 또한 근시안적이고 정확하지 않은 관점이라고 생각한다. 사실, 현실은 정 반대 방향으로 흘러가고 있다. 나는 공동체라는 전체적인 생각이 어마어마하게 발전하고, 풍성해지고 있는 현실을 목도한다.

과거에 '공동체'는 물리적인 공동체를 의미했다. 당신이 태어난 도시나 자라난 거리, 동네를 의미했다. 당신은 동일한 사회 인구학적 그룹의 사람들과 함께 그 도시에 제한되어 있었다. 당신이 가난하면 모두가 가난했다. 당신이 중산층이면 모두가 중산층이었다. 우리는 공동체를 출신의 기준으로 정의했다. 그것이 공동체였다.

오늘날은 모든 것이 바뀌었다. 오늘날의 공동체는 당신이 생각하는 방식을 의미한다. 더 이상 직업이 성姓이나 출생지에 따라 결정되지 않듯이, 당신은 더 이상 이름이나 출신지에 의해 결정되지 않는다. 현대 사회에서 당신은 태어난 환경에 의해서가 아니라, 당신이 하는 일에 의해, 그리고 당신이 내린 선택에 의해 결정된다. 당신과 같은 일을 하며, 같은 가치와 신념을 공유한 다른 전문가들, 그리고 사업가들 사이에 당신의 공동체가 있다. 당신이 당신의 공동체를 선택하는 것이다. 사실 당신의 부富를 당신이 창출하듯이 당신의 가치와 공통의 관심사를 바탕으로 당신의 공동체를 창조하는 것이다. 나는 우리가 태어난 동네에 제한되어 있는 것보다 훨씬 더 잘 살고 있다고 생각한다.

몇 년 전, 나는『경제 신학 : 신은 당신이 부자가 되기를 바란다 The Theology of Economics : God Wants you to be rich』라는 책을 썼다. 이 책의 전제는 세상에 나아가 성공적으로 돈을 많이 버는 것이 다른 사람들을 돕고, 사회에 가치를 더하고, 더 나은 세상을 만드는 데 기여하는 일이라는 것이다.

아브라함은 일개의 재산에 대한 소유권을 주장하고, 그곳에 뿌리를 내리고 개발하면서, 신이 주신 선물을 훨씬 더 잘 활용하고 생활의 질을 향상시키고 주변의 사람들을 두루 살피며 살 수 있다는 사실을 발견했다. 오늘날 우리가 권리를 주장하는 일개의 재산 - 사업의 뿌리를 내리고 소매를 걷어붙이고, 우리의 독창성을 발휘할 수 있는 - 은 실제의 땅 한 조각이 아니라 사이버 공간에 위치한 사업일 것이다. 그리고 우리의 자원은 금, 곡물, 가축이나 땅이 아니라 관계, 경험, 정보, 그리고 우리가 깨어있는 소중한 시간이다. 그렇기는 하지만 미국은 아직도 농부들의 나라이다. 우리의 상상력이라는 토양을 갈고, 우리 조상들은 표현할 단어조차 찾지 못했던 다양하고 특별한 새로운 작물을 엄청나게 수확하기 위해, 함께 일하는 독립적이고 개척적인 사업가들의 나라이다.

우리는 발견의 시대에 살고 있다. 이 시대는 우리가 상상했던 것보다 훨씬 뛰어난 능력과 재능을 가진 인간의 정신을 찾고 있다. 기술과 독창성이 급속히 발달하면서 마침내 경제 연금술의 과정이 명확하게 우리 앞에 드러났고, 우리의 자원, 기술, 혹은 부富에는 한계가 없다는 사실을 보여주었다. 이런 것들은 우리가 타고난 정신 안에 존재하며, 우리의 정신에는 그 근원이 그러하듯이 한계가 없기 때문이다.

## 후 기

어느 비 내리는 날, 하나님을 믿는 한 남자가 서재에 앉아 책을 읽고 있는데 그의 이웃이 트럭을 타고 찾아왔다.

"끔찍한 홍수가 일어났어요!"

이웃이 소리쳤다.

"모두 피신하고 있어요, 제 트럭에 자리가 있으니 타세요!"

남자가 대답했다.

"걱정 마세요, 저는 괜찮을 겁니다. 하나님께서 구해 주실 거예요."

물이 점점 차오르고 남자의 집이 잠기기 시작했고, 얼마 지나지 않아 그는 2층으로 피해야만 했다. 남자는 자신의 침실 밖 창문에 다른 이웃들이 배를 타고 열심히 노를 젓고 있는 모습을 보았다.

"우리 배에 타세요!"

사람들이 그에게 외쳤다.

"물이 점점 더 차오르고 있어요! 거기에 있다가는 물에 잠길 거예요!"

그러나 남자는 여전히 차분하게 말했다.

"걱정 마세요. 저는 괜찮을 겁니다. 하나님께서 구해 주실 거예요."

한 시간 후, 홍수로 범람한 물이 그 경건한 남자의 집을 완전히 뒤덮었고 남자는 지붕에 올라가 굴뚝에 매달려야만 했다. 남자는 헬리콥터가 다가오는 것을 보았다. 구조대가 남자를 발견하고 점점 사라져가는 그의 집 위에서 로프 사다리를 내렸다. 구조대장이 외쳤다.

"올라와요!"

그러나 남자는 고개를 가로 저으며 신호를 보냈다.

"괜찮아요!"

그는 외쳤다.

"그냥 가세요! 하나님께서 구해 주실 거예요!"

헬리콥터는 남자를 두고 떠났다. 물이 계속 차올랐고 남자는 물에 빠져 죽었다.

후에 남자는 천국으로 들어가 하나님을 만났다. 남자는 절망 속에 손을 흔들며 외쳤다.

"하나님, 어떻게 된 거예요? 저 정말 실망했습니다! 저는 하나님께서 저를 구해주실 거라고 믿었어요. 하나님은 어디 계셨던 거죠?"

"내가 어디 있었냐고?"

하나님이 대답했다.


"나는 트럭을 보냈고, 배를 보냈고 헬리콥터를 보냈다. 대답해 보아라. 너는 도대체 무엇을 기다렸느냐?"

물이 당신의 집에 차오를 때까지 기다리지 말라. 굴뚝에 매달리게 될 때까지 미루지 말라. 당신을 홍수 가운데에서 빼내어 경제적 안전지로 데려가 줄, 차세대 백만장자의 대열에 합류하도록 도와줄, 놀라운 매개체가 당신을 기다리고 있다. 이제 발걸음을 떼는 것은 당신 몫이다.

## 엄선된 구절

"현재 적어도 천만 명 이상의 사람들이 비관주의와 시대적 불안감을 떨쳐버리고, 새로운 부(富)의 창출이라는 급증하는 흐름을 타고 앞으로 다가올 10년 안에 차세대 백만장자가 될 것이다."

"미국 경제는 역사상 최고의 급성장기에 있다"

"인터넷은 역사상 가장 위대한 경제 혁명들 중 하나이다. 그리고 이제 겨우 시작했을 뿐이다."

"오늘날 세계에서는 자기 자신을 위해 일하는 것이 가장 안전한 길이며, 회사를 위해 일하는 것은 위험한 일이 되었다."

"재택 사업은 우리 경쟁에서 빠르게 성장하는 부분 중 하나이며, 겨우 100년 전에 시작되었던 기업의 시대가 이제 사업가의 시대로 넘어가는 흐름 속에서 그 추세는 계속 이어질 것이다."

"오늘날 개인 사업가는 대규모 기업보다 훨씬 더 경쟁력을 갖는 경우가 많다."

"기술이 더욱 더 다양해질수록 더 전문화되고 교역은 증가한다. 교역이 증가할수록 교역에 참여한 모든 사람들의 부富는 더욱 늘어난다."

"우리의 부富는 우리가 기꺼이 그 부富를 나누고자 하는 사람들의 수에 정비례하여 보상을 한다."

"행성들이 지구 주위를 돈다고 말하는, 지구는 평평하다고 단언하는, 땅을 경작하고 '소유'하려 했던 아브라함을 미치광이라고 선언하는 이러한 종류의 터널 시야는 오늘날 우리 주변에도 여전히 건재하면서 부富와 경제에 대한 일반적인 이해를 방해하고 있다."

"오늘날 경제학은 200년 전 의학과 같은 위치에 처해 있다. 치료제와 치료방법은 있다. 그리고 그것이 때로는 효과가 있는 것처럼 보이지만(치료 과정에서 때로는 환자를 죽게 하는 경우도 있지만), 왜 그것이 효과가 있는지, 혹은 없는지를 설명하는 명확한 이론이 없다. 우리에게는 우리 주변에서 벌어지고 있는 상황을 설명할 기본적인 이론이 없다."

"지난 40 여 년 동안 내가 해온 모든 일은 부족의 신화가 틀렸음을 밝히는 데 중점을 두고 있다."

"전쟁에 대한 입증된 해결책은 자유 교역이다"


"자유 교역은 부<sub>富</sub>의 증가를 일으키는 엔진이다."


"경제 연금술의 첫 번째 법칙은 '모든 자원은 인간의 정신이 만들어낸 것이기 때문에 자원은 고갈되지 않는다'는 것이다."


"경제 연금술의 두 번째 법칙은 '어떤 순간에든 어떤 자원이든 그 공급은 우리가 발견하고 얻어내고 활용하는 기술에 달려 있다'는 것이다."


"W=PXT, 부<sub>富</sub>(W, Wealth)는 활용 가능한 물리적 자원들(P, Physical resources) 곱하기 활용 가능한 기술(T, Technology)이다."


"경제 연금술의 세 번째 법칙은 '기술의 발전은 정보 교환의 속도에 의해 결정된다'는 것이다."


"경제 연금술의 네 번째 법칙에 따르면 기술은 단순히 욕구를 충족시키도록 돕기만 하는 게 아니라 실제로 '욕구' 그 자체를 결정한다."


"경제 연금술의 다섯 번째 법칙에 따르면 수요에는 제한이 없다. 수요는 항상

엄선된 구절

올라간다."


"경제 연금술의 여섯 번째 법칙은 '당신의 즉각적인 경제 가능성은 당신의 기술 격차에 달려 있다'는 것이다."


"당신은 기술 격차에서 어마어마한 성장의 가능성을 찾을 수 있다. 다가올 몇 년 동안 여기서 차세대 백만장자의 대다수가 등장할 것이다."


"지난 100년 동안 기술은 너무나 급속히 발달해 왔다. 이제, 갑작스럽게, 개인의 일생 동안 T의 변화가 가능해졌다."


"50년에 걸쳐 일어나던 변화가 이제 몇 년, 심지어는 몇 달 사이에도 일어난다. 이처럼 변화하는 기술을 다루는 방식이 거의 모든 것을 설명한다."


"우리는 지금 '백만장자 인구 폭발'의 한가운데에 서 있다."


"향후 10년 동안 미국은 또 다시 천만 명의 백만장자를 배출할 모든 준비를 갖추고 있다."


"당신의 직업은 당신의 기술과 기술 발전의 아찔한 속도에 얼마나 잘 보조를 맞추느냐에 따라 규정된다."

"일에 있어서 성공은 주로 적응하는 기술에 달려있다. 이것은 새로운 것을 배우는 능력을 의미한다."

"다른 어떤 요인보다 현재 개인의 T를 어떻게 관리하느냐가 당신을 미래의 차세대 백만장자 대열에 합류할 수 있게 만든다."

"커뮤니케이션의 속도를 높이면 더 많은 기술을 얻을 수 있다."

"판에 박힌 방식에서 벗어나 한 번도 사용해보지 않은 새로운 방식을 살피도록 자신을 얼마나 많이 훈련하는지에 따라 당신의 경제 가능성이 결정된다."

"그 누구도 하루의 시간을 늘릴 수는 없다. 그러나 시간을 더 잘 활용할 수는 있다."

"이제 더 이상 한 가지 직업을 선택해서 평생 그 일만을 할 수는 없다."

"글로벌 웰니스 산업 규모는 3조 7000억 달러 규모로, 그 수요는 관련 산업의 성장을 이끌며 그 범위를 점차 넓혀가고 있다."

"인터넷의 가장 변혁적인 효과 중 하나는 소비자의 권한이 강화되었다는 것이다."

"새로운 부를 창출하기를 원하는 사람들을 위한 최고의 사업 기회는 소비자의 삶을 개선할 제품과 서비스에 대해 소비자를 교육하는 것이다."

"오늘날 기술은 급속히 발전하면서 사람들의 삶의 질을 극적으로 향상시키는 신제품을 수없이 많이 쏟아내고 있기 때문에, 당신이 그 기술에 대해 알려주는 사람이 된다면 당신은 부자가 될 것이다."

"20세기 후반의 50년 동안 전통적인 지혜는 학교에 가서 좋은 교육을 받고 좋은 회사에 취직하는 것이었다. '자기 사업을 하는 것'은 거의 대부분 위험한 생각으로 여겨졌다. 존경스러운 일이지만, 아마도 위험하고, 그리고 약간은 미친 짓으로 여겨졌다. 오늘날, 이것은 완전히 반대가 되었다."

"우리는 재택사업 호황의 한가운데 있으며, 그 기세가 수그러들 징후는 보이지 않는다."

"기업은 독립적인 계약자들을 이기지 못하고 분산과 해체의 과정을 밟아 왔다."

"오늘날 최고의 기회는 '스스로 사업가가 되어 사업에 뛰어드는 것'이다."

"오늘날 진짜 위험은 거대 기업에 남아 있는 것이다. 현재의 당신의 직장은 아마도 몇 년 내에는 영구적으로 해체될 것이기 때문이다."


"국회가 마침내 사업가들도 회사원과 같은 비과세나 과세 유예 저축 혜택을 누릴 수 있는 세법을 제정함으로써 개인 사업가들을 위한 공평한 경쟁의 장을 마련했다."


"이제 개인 사업가들은 큰 기업의 직원들보다 더 좋은 의료보험과 퇴직수당 혜택을 누릴 수 있다."


"오늘날 50% 이상의 미국인들이 자영업을 하거나 소규모 기업에서 일을 하고 있다."


"자기 사업을 시작하면 회사에서 일했던 것과 같은 시간을, 혹은 더 많은 시간을 일에 투자해야 할 것이다. 그러나 어떤 시간을 사용할지를 조절할 수 있다."


"오늘날 가능한 모든 사업 기회들 중에 가장 중요한 것은 '네트워크 마케팅'이라고도 불리는 직접 판매이다."


"직접 판매 산업은 차세대 백만장자의 다수를 배출할 완벽한 조건을 갖추고 있다."

"직접 판매 공동체는 다른 모든 이들보다 훨씬 먼저 경기 동향을 알아채는 그룹이다."


"현대의 직접 판매 산업은 모든 신제품과 서비스를 위한 유통 방법으로 선택될 만반의 준비를 갖추고 있다."


"직접 판매는 오늘날의 경제를 위한 완벽한 지적 유통 사업이다."


"인터넷은 강력한 힘을 가지고 있다. 그러나 현대의 직접 판매 사업가들이 일대일로 고객을 대응하는 기능을 대체하지는 못했다. 그리고 앞으로도 절대 대체하지 못할 것이다."


"직접 판매가 유례없이 잘되는 이유는 일대일로 하는 대화가 사실상 능동적으로 배울 수 있는 유일한 방법이기 때문이다."


"직접 판매는 현재 미국에서, 그리고 전 세계에서 사람들의 기술 격차를 좁히도록 돕는, 우리가 가진 단 하나의 최고의 효과적인 매체이다."


"대부분의 사람들이 상당한 양의 부富를 축적할 수 있는 유일한 방법은 '수동적 소득(passive income)을 얻는 것'이다."

"직접 판매는 적지 않은 잉여 소득을 창출할 수 있는 기회 - 배경이나 전문화된 기술, 혹은 미수 자본 가치와 상관없이 절대적으로 누구에게나 열려 있는 - 를 제공한다."


"오늘날 직접 판매에 종사하는 사람들은 신념체계와 경영 시스템을 개발시키기 위한 훈련, 자료, 교육, 도구들을 접할 수 있다. 이는 다른 어디에서도 찾아볼 수 없는 것이다."


"다른 사람들이 성공하도록 도와야만 당신도 성공할 수 있다."


"경제학은 행복에 대한 추구이며, 인정에 대한 추구이며, 우리가 진정으로 원하는 모든 것에 대한 추구이다. 돈은 그런 것들에 도달하고 얻고 획득하기 위한 수단이다."


"사업가가 되는 행위는 신학적인 행위이다. 그것은 신이 당신에게 나가서 돈을 벌고 가족을 부양하는 도구를 주었다는 믿음을 의미한다."


"자기 사업을 소유하고 개척해나가면서 돈을 벌고 부富를 창조하는 사람들은 다른 사람들을 좋아한다."


"직접 판매가 현재 우리 문화에 긍정적, 사회적, 정신적 힘이 되는 또 다른 이유는 '포용'을 그토록 강조하기 때문이다."

"직접 판매는 기술 전환의 시대마다 잘못된 쪽에 서 있음으로써 고통 받는 수백만의 사람들에게 매우 현실적인 해결책을 제시한다."

"사업은 다른 사람들을 돕는 일이다. 사람들의 삶을 향상시키는 무언가를 제공하는 일을 더 잘할수록, 당신은 더 성공하게 되고 더 많은 돈을 번다."

"직접 판매는, 스스로 자신의 경제 웰니스를 책임지고 장기적인 재정적 안정을 확립하려는, 그러면서 동시에 중요한 부富가 무엇인지 깨닫고 실로 엄청난 많은 사람들의 삶을 풍요롭게 하는 역할까지 수행하는 수많은 사람들에게 전무후무한 기회를 제공한다"

"건강의 핵심은 식습관이다. 매일 무엇을 먹는가에 달려 있다. 그리고 부富의 핵심은 일이다. 매일 무슨 일을 하는가에 달려 있다."

"직접 판매 사업에 일주일 중 얼마나 많은 시간을 투자했느냐에 당신의 수입이 결정되는 것이 아니다. 그 시간들을 어떻게 활용하느냐에 달려 있다."

"직접 판매에서 얼마나 성공할지를 결정하는 가장 중요한 요소는 바로 당신이다."

"당신 이외에, 직접 판매에서 성공할 수 있는 가장 중요한 세 가지 요인은 제품이나 서비스의 유형, 회사의 힘과 회사가 제공하는 경제적 기회, 그리고 당신이 함께 일하는 팀이다."


"직접 판매의 가장 기본적인 법칙은 이것이다. 당신은 당신이 판매하는 제품이나 서비스를 절대적으로 사용하고 믿어야 한다."


"다른 것에 투자하기 전에 먼저 자기 자신의 사업에 가능한 투자를 다 하라."


"재정적 성공을 위한 단 하나의 가장 중요한 특성은 '자발적인 만족 지연 능력'이다."

## 저자 소개

폴 제인 필저는 세계적으로 저명한 경제학자이자, 수백만 달러를 벌어들이는 사업가이며, 대학교수이면서, 다섯 권의 베스트셀러를 펴낸 저자이다.

필저는 3년 만에 대학을 졸업했고, 15개월 만에 와튼 스쿨 Wharton School 에서 MBA 학위를 받았는데, 이때가 22살이었다. 24살의 나이에 뉴욕 대학의 부교수가 되어 이후 20년 동안 학생들을 가르쳤다. 22살에 시티뱅크에 최연소 간부로 입사하여 25살에 최연소 부사장으로 승진한 필저는 여러 사업을 시작했다. 26살이 되기 전에 처음으로 백만 달러를 벌었고, 30살이 되기 전에 천만 달러 소득을 달성했다. 지난 40년 동안 필저는 소프트웨어와 교육, 금융 서비스 분야의 회사 다섯 개를 설립하거나 주식을 상장했다.

그는 대통령의 경제 자문으로 활약했으며, 2천 달러에 달하는 저축대부조합 도산 사태(S&L crisis)가 일어나기 몇 년 전에 미리 경고했지만, 정부는 그의 경고에 귀를 기울이려 하지 않았다. 이 이야기는 후에 『다른 사람들의 돈 Other People's Money』이라는 책에서 다루었는데, 「뉴욕 타임스 The New York Times」와 「이코노미스트 The Economist」지誌의 평론가들이 극찬을 했다.

필저는 『무제한의 부富』에서 급속하게 발전하는 기술로 인해 우리는 무한한 물리적 자원 속에서 살아가고 있으며, 이러한 환경에서 부자가 되는 방법은 무엇인지에 대해 설명했다. 월마트의 설립자 샘 월튼은 이 책을 읽은 뒤 "필저의 사업 능력과 비전문가의 언어로 풀어낸 능력에 감탄했다"고 말했다. 수많은 세계적인 일류기업들이 기술변화를 예측하고 관리하는 필저의 방법론을 폭넓게 채택해 왔다.

『경제 신학 : 신은 당신이 부자가 되기를 바란다 The Theology of Economics : God Wants you to be rich』에서 필저는 우리 경제 체제의 토대가 종교적 유산에 근거하고 있음을 설명했다. 「뉴욕 타임스」의 비즈니스 분야 베스트셀러인 이 책은 「월스트리트 저널」 1면에 특집 기사로 실렸으며, '60분 60 Minutes', '마리아 슈라이버의 특별 인터뷰 First Person with Maria Shriver' 등의 TV 쇼에서도 이 책을 다루었다. 이 책은 18개 언어로 번역, 출간되었다.

필저는 최근 베스트셀러 『다음 천만장자는 어디에서 나올까? The Next Trillion』와 『건강 관리 혁명 The Wellness Revolution』에서 1조 달러 규모의 식품 및 의료 산업을 드러내고, 새로 부상하는 '웰니스' 산업이 우리 경제 규모 전체의 7분의 1, 그러니까 또 다른 '1조 달러'를 차지할 것이라고 규정했다. 2003년 「선데이 뉴욕 타임스」는 필저를 '웰니스 구루 Wellness Guru'라고 지칭했고, 2004년 웰니스 산업을 알아보고 촉진한 업적으로 명예박사 학위를 받았다.

미국 공영 라디오(NPR)와 CNN의 논설위원이었던 필저 교수는 TV쇼 '래리 킹 라이브'에 세 번 출연했고 여러 잡지의 커버 페이지에 실렸다. 그는 매년 수만 명에게 강의를 하며, 그의 강의를 담은 오디오 및 비디오 자료는 2천만 부 이상이 팔렸다.

  필저는 아내와 네 아이들과 함께 유타에서 거주하며 스노보드, 산악 자전거, 체스를 즐긴다.

  폴 제인 필저에 대한 더 많은 정보는 www.PaulZanePilzer.com에서 얻을 수 있다.